Anouk Saint-Germain

Le bien-être et la qualité de vie des retraités en Outaouais

Anouk Saint-Germain

Le bien-être et la qualité de vie des retraités en Outaouais

Iniquités géographiques et bien-être

Éditions universitaires européennes

Impressum / Mentions légales

Bibliografische Information der Deutschen Nationalbibliothek: Die Deutsche Nationalbibliothek verzeichnet diese Publikation in der Deutschen Nationalbibliografie; detaillierte bibliografische Daten sind im Internet über http://dnb.d-nb.de abrufbar.
Alle in diesem Buch genannten Marken und Produktnamen unterliegen warenzeichen-, marken- oder patentrechtlichem Schutz bzw. sind Warenzeichen oder eingetragene Warenzeichen der jeweiligen Inhaber. Die Wiedergabe von Marken, Produktnamen, Gebrauchsnamen, Handelsnamen, Warenbezeichnungen u.s.w. in diesem Werk berechtigt auch ohne besondere Kennzeichnung nicht zu der Annahme, dass solche Namen im Sinne der Warenzeichen- und Markenschutzgesetzgebung als frei zu betrachten wären und daher von jedermann benutzt werden dürften.

Information bibliographique publiée par la Deutsche Nationalbibliothek: La Deutsche Nationalbibliothek inscrit cette publication à la Deutsche Nationalbibliografie; des données bibliographiques détaillées sont disponibles sur internet à l'adresse http://dnb.d-nb.de.
Toutes marques et noms de produits mentionnés dans ce livre demeurent sous la protection des marques, des marques déposées et des brevets, et sont des marques ou des marques déposées de leurs détenteurs respectifs. L'utilisation des marques, noms de produits, noms communs, noms commerciaux, descriptions de produits, etc, même sans qu'ils soient mentionnés de façon particulière dans ce livre ne signifie en aucune façon que ces noms peuvent être utilisés sans restriction à l'égard de la législation pour la protection des marques et des marques déposées et pourraient donc être utilisés par quiconque.

Coverbild / Photo de couverture: www.ingimage.com

Verlag / Editeur:
Éditions universitaires européennes
ist ein Imprint der / est une marque déposée de
OmniScriptum GmbH & Co. KG
Heinrich-Böcking-Str. 6-8, 66121 Saarbrücken, Deutschland / Allemagne
Email: info@editions-ue.com

Herstellung: siehe letzte Seite /
Impression: voir la dernière page
ISBN: 978-3-8416-6154-8

TABLE DES MATIERES

Table des matières..I
Liste des tableaux..IV
Liste des graphiques..VI
Liste des figures VII
Remerciements...VIII
Chapitre **1** Introduction 1
Chapitre **2** Première revue de littérature : qualité de vie, bien-être et vieillissement 4
  2.1 La qualité de vie et le bien-être.. 4
    2.1.1 Définitions... 4
    2.1.2 Le caractère objectif et subjectif... 6
  2.2 L'effet de l'environnement sur le bien-être 8
    2.2.1 Les dimensions philosophiques du bien-être 9
    2.2.2 Le modèle environnemental du bien-être 10
  2.3 Le vieillissement et le bien-être 11
    2.3.1 Un bref historique 12
    2.3.2 Les types de vieillissement 13
    2.3.3 Quelques définitions 16
    2.3.4 Le rôle social d'une personne âgée 19
  2.4 Conclusion 21
Chapitre **3** Deuxième revue de littérature : retraite... 23
  3.1 Historique de la retraite.. 23
  3.2 Changement de la fonction retraite 25
    3.2.1 Les défis reliés à la retraite - modèles de retraite- 27
  3.3 La retraite comme transition 29
    3.3.1 Les phases liées à la retraite 30
    3.3.2 L'adaptation à la retraite 33
  3.4 Le bien-être et la retraite.. 38
    3.4.1 L'effet négatif de la retraite 38
    3.4.2 L'effet positif de la retraite 39
    3.4.3 Quelques études empiriques 40
  3.5 Conclusion 41
Chapitre **4** Région d'étude et population 44
  4.1 Historique de la région... 44
  4.2 Les spécificités de l'Outaouais par rapport au Québec.. 47
    4.2.1 Dynamisme démographique 47
    4.2.2 Jeunesse de la population... 48
    4.2.3 Une région favorisée économiquement 50
  4.3 Les disparités internes de l'Outaouais 52
    4.3.1 Le dynamisme démographique 52
    4.3.2 La jeunesse de la population de l'Outaouais... 53
    4.3.3 La dualité de l'économie de l'Outaouais 53
    4.3.4 Milieu et appartenance 54

4.4 Profil des composantes des milieux de l'Outaouais 55
4.4.1 Caractéristiques de la population des villes centrales 55
4.4.2 Caractéristiques de la population des principales municipalités de la périphérie
.... 57
4.5 Conclusion 59
Chapitre **5** Cadre conceptuel et questions 61
5.1 Rappel des deux modèles théoriques 61
5.1.1 Le modèle environnemental du bien-être 61
5.1.2 Le modèle des phases de la retraite 62
5.1.3 Les points communs entre les deux modèles 63
5.2 Le cadre conceptuel 65
5.3 La problématique 67
5.3.1 La retraite : un plus grand bien-être ? 68
5.3.2 L'impact des phases de la retraite sur le bien-être 70
5.3.3 La triade revenu-travail-retraite examinée en fonction du sexe 72
5.3.4 Le rôle du capital social dans le bien-être des retraités 74
5.3.5 Le rôle du capital humain sur le bien-être des retraités 76
5.3.6 L'effet des facteurs géographiques sur le bien-être des retraités 77
5.4 Les hypothèses 81
5.4.1 Hypothèse 1 : le facteur « temps » 81
5.4.2 Hypothèse 2 : le sexe 82
5.4.3 Hypothèse 3 : le capital social 82
5.4.4 Hypothèse 4 : le capital humain 83
5.4.5 Hypothèse 5 : les caractéristiques géographiques 83
5.5 Conclusion 85
Chapitre **6** La méthodologie 86
6.1 La source des données 86
6.1.1 Les enquêtes par questionnaire 86
6.1.2 Le questionnaire utilisé pour l'enquête 88
6.1.3 Le pré-test 90
6.1.4 L'information sur la retraite 91
6.2 La collecte des données 92
6.2.1 La base d'échantillonnage 92
6.2.2 L'administration du questionnaire 94
6.2.3 Le bilan de la collecte des données 95
6.3 Les stratégies d'analyse 97
6.3.1 L'organisation des données 98
6.3.2 La logique suivie pour l'analyse des données 101
6.3.3 Les variables dépendantes 104
6.3.4 1ʳᵉ étape : l'effet de la retraite, mesuré à l'aide de l'échantillon complet 104
6.3.5 2ᵉ étape : l'effet des caractéristiques personnelles et géographiques mesuré sur
l'échantillon des retraités 105
6.4 Les tests statistiques 106
6.4.1 La sélection des tests statistiques 107
6.4.2 Le khi carré 109
6.4.3 Le coefficient de contingence 110

6.4.4 L'analyse de la variance à un facteur pour échantillons indépendants 111
6.4.5 Le test *t* sur les moyennes 113
6.4.6 Autres tests, autres études : des suggestions 114
6.5 Conclusion 115
Chapitre **7** Le profil des répondants 117
7.1 La retraite et le temps 118
7.2 La caractéristique «sexe» 119
7.3 Le capital social 120
7.3.1 Le statut matrimonial 120
7.3.2 La durée de résidence dans le logement 121
7.4 Le capital humain 122
7.4.1 La scolarité 122
7.4.2 Le revenu familial 122
7.5 Les caractéristiques géographiques 123
7.5.1 Les milieux 124
7.5.2 La mobilité 125
7.6 Conclusion 128
Chapitre **8** Résultats et discussion 129
8.1 Première étape : l'effet de la retraite 129
8.1.1 Retraités et non-retraités 129
8.1.2 Retraités et non-retraités : l'effet du facteur temps 131
8.1.3 Limites et explications probables 134
8.2 Deuxième étape : l'effet des facteurs 136
8.2.1 Le sexe 136
8.2.2 Le capital social 138
8.2.3 Le capital humain 143
8.2.4 Les caractéristiques géographiques 149
8.3 Conclusion 160
Chapitre **9** La conclusion 162
Les objectifs et la problématique 162
Les hypothèses 163
Des résultats concluants 164
Améliorations et limites de la thèse 166
Portée de la thèse 167
Bibliographie 169

LISTE DES TABLEAUX

Tableau 1 : Portrait démographique du Québec, de l'Outaouais et de la CUO 48

Tableau 2 : Répartition, par groupe d'âge, de la population du Québec et de l'Outaouais (1996) 48

Tableau 3 : Projections de 1996 à 2026 de la population au Québec et en Outaouais 49

Tableau 4 : Revenus moyens, par région et par groupe d'âge (1996) 50

Tableau 5 : Revenus des familles économiques en $ constants de 2000, selon le recensement de 2001 51

Tableau 6 : Taux de croissance (en %) des MRC de l'Outaouais de 1971 à 2001 52

Tableau 7 : Répartition de la population des cinq MRC de l'Outaouais, selon l'âge (1996) 53

Tableau 8 : Revenus moyens (en $) par municipalité régionale de l'Outaouais et par groupe d'âge 54

Tableau 9 : Portrait démographique des cinq villes de la CUO, 1991-1996 56

Tableau 10 : Portrait socio-économique des cinq villes de la CUO 57

Tableau 11 : Portrait démographique des autres municipalités de l'Outaouais, 1991-1996 57

Tableau 12 : Portrait socio-économique des municipalités périphériques (1996) 58

Tableau 13 : Échantillon visé des villes du milieu périphérique 93

Tableau 14 : Échantillon visé pour les villes de la CUO 93

Tableau 15 : Bilan, par milieu, de la collecte des données 96

Tableau 16 : Objectifs et résultats quant à l'échantillon 96

Tableau 17 : Tableur SPSS "Dependant Variable View" : variables choisies 99

Tableau 18 : Tableur SPSS "Independant Variable View" : variables choisies 100

Tableau 19 : Répartition des répondants en fonction de la retraite 118

Tableau 20 : Répartition des répondants (non-retraités et retraités) en fonction du temps 118

Tableau 21 : Répartition des répondants selon l'âge 119

Tableau 22 : Répartition des répondants selon le sexe 120

Tableau 23 : Répartition des répondants selon le statut matrimonial 120

Tableau 24 : Répartition des répondants selon la durée de résidence dans le logement 121

Tableau 25 : Répartition des répondants selon le niveau de scolarité 122

Tableau 26 : Répartition des répondants selon le revenu familial 123

Tableau 27: Répartition des répondants selon le milieu 124

Tableau 28 : Répartition des répondants de la CUO selon le type de quartier 125

Tableau 29 : Répartition des répondants selon le fait d'avoir voyagé au cours des douze derniers mois (2000-2001) 126

Tableau 30 : Répartition des répondants selon la possession d'une voiture (par ménage) 126

Tableau 31 : Répartition des répondants selon la fréquence des problèmes limitant la mobilité 127

Tableau 32 : Répartition des répondants selon l'évaluation globale de leur santé 127

Tableau 33 : Satisfaction des répondants selon leur statut à l'endroit de la retraite 133

Tableau 34 : Satisfaction des conditions de vie des retraités selon le sexe 137
Tableau 35 : Satisfaction des conditions de vie des retraités selon le statut matrimonial
.... 139
Tableau 36 : Satisfaction des conditions de vie des retraités selon l'ancienneté dans le
logement.. 143
Tableau 37 : Satisfaction des conditions de vie des retraités selon le niveau de scolarité
.... 144
Tableau 38 : Satisfaction des conditions de vie des retraités selon les revenus 147
Tableau 39 : Satisfaction des conditions de vie des retraités selon le type de milieu..... 150
Tableau 40 : Satisfaction des conditions de vie des retraités selon le type de quartier .. 152
Tableau 41: Satisfaction des conditions de vie des retraités selon le fait d'avoir voyagé
.... 153
Tableau 42 : Satisfaction des conditions de vie des retraités en fonction de la possession
d'une voiture... 155
Tableau 43 : Satisfaction des conditions de vie des retraités en fonction de problèmes de
santé pouvant limiter la mobilité... 157
Tableau 44 : Satisfaction des conditions de vie des retraités selon l'étant de santé général
.... 158

LISTE DES GRAPHIQUES

Graphique 1 : Distribution des retraités selon la satisfaction du logement (q43a2) 107

Graphique 2 : Distribution des retraités selon la satisfaction de l'accès aux services de santé et sociaux (q43h2)... 107

Graphique 3 : Le bien-être des répondants selon le nombre d'années à la retraite ou les séparant de la retraite 132

Graphique 4 : Le bien-être des retraités selon la scolarité 143

Graphique 5 : Le bien-être des retraités selon le revenu... 146

Graphique 6 : Le bien-être des retraités selon le type de milieu habité......................... 149

Graphique 7 : Le bien-être des retraités selon le type de quartier 151

Graphique 8 : Le bien-être des retraités selon le fait d'avoir voyagé 153

Graphique 9: Le bien-être des retraités en fonction de la possession d'une voiture 154

Graphique 10 : Le bien-être des retraités selon la présence de problèmes de santé limitant la mobilité 156

Graphique 11 : Le bien-être des retraités selon leur état de santé général..................... 158

LISTE DES FIGURES

Figure 1 : Pyramide des besoins selon Maslow (1943) 5
Figure 2 : Modèle environnemental du bien-être de Langlois et Anderson 10
Figure 3 : Région de l'Outaouais.. 45
Figure 4 : Modèle d'Atchley (1976) 62
Figure 5 : Modèle environnemental du bien-être intégrant la retraite comme processus
d'adaptation.. 66
Figure 6 : Schéma de la structure des hypothèses... 81
Figure 7 : Modèle des liens établis entre les variables et les tests statistiques 103
Figure 8 : Processus menant au choix des tests des méthodes d'analyse univariées...... 108

REMERCIEMENTS

Mes remerciements les plus sincères vont à Clairette Bourque. Grande source d'inspiration à laquelle j'ai puisé mon énergie, cette amoureuse de la langue française m'a apporté un support incroyable pour la dernière étape de cette thèse qui s'est étalée sur trois ans.

Merci à mon comité, Anne Gilbert (directrice), Marc Brosseau et Feu André Langlois.

Merci à mon premier correcteur, Pierre Saint-Germain.

Merci à Jean-Louis Grosmaire pour son amour contagieux de la géographie.

Merci à ma famille et à mes amis pour leur support tout au long de ce périple.

Enfin, merci à Zachary Ouellette-Tremblay, à Dale Anderson et à Amy-Lynn Hall pour leur contribution à la collecte des données au cours de l'été 2001.

Note sur les tableaux et graphiques

Dans la présente thèse, le bien-être provient de la satisfaction globale des conditions de vie. Nous avons choisi ce terme afin de bien le distinguer de la satisfaction des neuf conditions de vie de l'environnement.

CHAPITRE 1

INTRODUCTION

La société occidentale attache beaucoup d'importance à la jeunesse, mais aussi à la longévité, celle-ci étant favorisée par l'augmentation de l'espérance de vie des femmes et des hommes. La qualité de vie est de plus en plus prisée chez les Occidentaux, les gens attachant plus d'importance au concept de vivre, plutôt qu'à celui de survivre.

Cet intérêt pour la longévité et la qualité de vie ne cesse de s'accroître, sans doute à cause du vieillissement massif de la population de notre société. D'ailleurs, la Fédération internationale du vieillissement, organisme non gouvernemental défendant les personnes âgées du monde entier, utilise six principes fondamentaux[1] pour mesurer la qualité de vie et le bien-être des aînés. Selon le *Rapport de la santé mondiale* (1995), préparé par l'Organisation mondiale de la santé, 50,9 % des répondants des pays développés ont dit disposer des moyens financiers nécessaires pour satisfaire leurs besoins de base (nourriture, logement et habillement), considérant même leur situation meilleure qu'il y a dix ans. Pourtant, en ce qui concerne l'accès des personnes âgées à des soins de santé de qualité, 30 % des mêmes répondants ont indiqué que la situation s'était détériorée.

Nous pensons alors que les personnes plus âgées exigent que les dernières années de leur vie soient vécues dans les meilleures conditions possibles. C'est ainsi qu'on s'intéresse de plus en plus aux conditions de vie de ces personnes, à leur bien-être et à leur qualité de vie. L'environnement dans lequel elles évoluent retient plus particulièrement l'attention, alors qu'il devient un des facteurs jugés parmi les plus importants de la qualité de vie des aînés.

---

[1] Les principes sont les moyens financiers de se procurer nourriture, logement et habillement. l'accès à un environnement sécuritaire, l'accès à des soins de santé de qualité, le droit à un environnement non discriminatoire, l'exercice de droits fondamentaux et la liberté. Ils se retrouvent dans la *Déclaration des droits des personnes âgées* des Nations Unies (1995).

1

Nous porterons donc un intérêt particulier à la géographie en examinant l'influence de l'environnement, et en particulier du cadre de vie, sur le bien-être des retraités. D'ailleurs, depuis plus de trente ans[2], on note un intérêt accru pour les questions ayant trait au bien-être et à la qualité de vie à l'intérieur de divers environnements. Nous tenterons donc d'examiner plus à fond les études portant sur le bien-être des personnes âgées, en nous concentrant plus particulièrement sur le bien-être des retraités en Outaouais. Les données utilisées aux fins de cette recherche ont été recueillies via une enquête auprès des personnes de 55 à 75 ans habitant l'Outaouais, plus particulièrement au sein de deux milieux, un central (nouvelle ville de Gatineau) et un périphérique (regroupant sept villes de différentes municipalités). Cette thèse vise donc à étudier l'effet de la retraite sur le bien-être et l'effet de divers facteurs, dont l'environnement, sur les perceptions que les personnes ont de leur vie.

Notre étude s'articulera autour de cinq objectifs d'intérêt géographique. D'abord, il s'agit d'**identifier toute différence** pouvant exister **entre le bien-être et la satisfaction des conditions de vie des personnes retraitées et non retraitées**. Précisons que les conditions de vie (éléments de l'environnement) ciblent le cadre de vie, les relations sociales et l'accès aux ressources et aux services, tous des facteurs influençant la perception du bien-être des répondants à notre enquête. La distinction en retraités et non-retraités est étudiée en mesurant l'**effet du facteur « temps »** sur le bien-être et la satisfaction de leurs conditions de vie. Puis, on vérifie l'effet du sexe et des capitaux social et humain pour étudier finalement l'**effet du milieu et de la mobilité** sur la perception que les retraités ont de leur bien-être.

Cette thèse comprend neuf chapitres, dont sept en constituent le coeur. Dans un premier temps, les chapitres 2 et 3 présentent une recension des écrits, notamment sur le bien-être et la qualité de vie, le vieillissement et la **retraite.** Cette **revue de littérature** est présentée en deux chapitres afin de mieux comprendre chacun de ces concepts, notamment celui de la retraite et du bien-être. Le chapitre suivant présente un portrait de la région de l'Outaouais et de sa population en différenciant les personnes selon leur

---

[2] Le trente ans est approximatif en se fiant sur le bien-être aux États-Unis écrit en 1973 par David Smith.

milieu de vie Le chapitre 5 présente ensuite le cadre conceptuel et les questions de recherche (cinq hypothèses principales), alors que le chapitre 6 se concentre sur les méthodologies d'enquête et d'analyse des résultats. Le septième chapitre présente brièvement **un profil** des répondants et des retraités. Enfin, nous discutons **des résultats** au chapitre 8 où nous identifierons les facteurs ayant une certaine influence sur le bien-être des retraités en Outaouais.

CHAPITRE 2

PREMIERE REVUE DE LITTERATURE

La revue de littérature s'articule autour de trois grands thèmes. Le premier thème regroupe une multiplicité de définitions des concepts de «qualité de vie» et de «bien-être» situés au cœur de notre problématique. Le deuxième thème s'intéresse à l'effet de l'environnement sur le bien-être et insiste sur la perspective géographique. Afin de mieux comprendre les interactions entre le bien-être et l'environnement, nous présenterons le modèle environnemental du bien-être (LANGLOIS et ANDERSON, à paraître) en soulignant certaines de ses composantes dont l'adaptation, étroitement associée aux changements de style de vie et d'environnement qui s'opèrent lors de la retraite (vieillissement). Enfin, l'étude du troisième thème, le vieillissement, devrait augmenter notre compréhension des éléments importants à l'atteinte du bien-être d'une personne âgée.

2.1 LA QUALITE DE VIE ET LE BIEN-ETRE

Les concepts de qualité de vie et de bien-être seront définis à l'aide de la théorie de la hiérarchie des besoins de Maslow et souligneront leur principale différence en ce qui a trait à la place occupée par les dimensions objective et subjective dans chacun des cas.

2.1.1 Définitions

Il existe plusieurs façons d'examiner le concept de bien-être, l'une d'elles étant la comparaison à la qualité de vie. L'opposition du bien-être à la qualité de vie illustre la richesse et le caractère multidimensionnel de ces concepts. Les géographes (BAILLY, 1990 et CUTTER, 1985) qui s'y sont intéressés ont en effet établi une distinction entre qualité de vie et bien-être. Afin de mieux saisir la différence entre la qualité de vie matérielle et le bien-être individuel, il semble opportun de présenter la théorie d'Abraham H. Maslow (1943) qui fait une distinction entre les besoins primaires et les besoins secondaires, besoins qui suivent une séquence ascendante (Figure 1).

Figure 1 : Pyramide des besoins selon Maslow (1943)

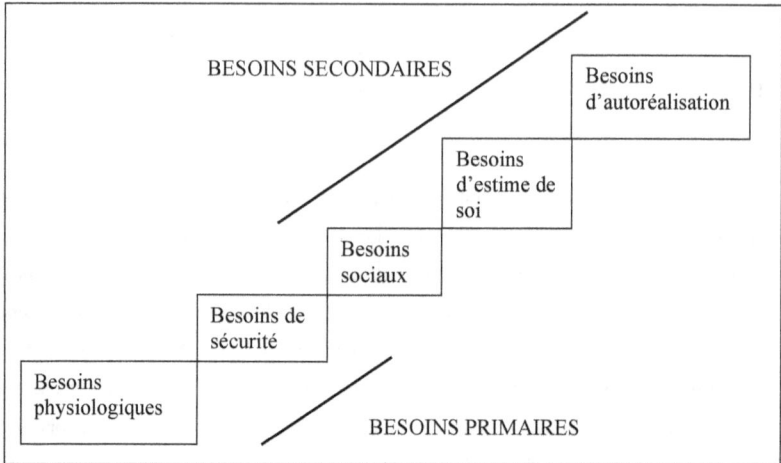

Les besoins primaires se divisent en deux : les besoins physiologiques (nourriture, chaleur, habitat, sommeil, etc.) et les besoins de sécurité (protection contre des forces physiques et psychologiques). Quant aux besoins secondaires, ils comprennent trois niveaux, soit les besoins sociaux (sentiment d'appartenance, besoin d'être accepté, amitié, amour, affection, etc.), les besoins d'estime de soi (besoin d'estime des autres, d'élever son statut, etc.) et les besoins d'autoréalisation (besoin d'accomplissement personnel, créativité, etc.). Évidemment, les besoins les plus élevés supposent la satisfaction des besoins primaires d'ordre matériel. Ainsi, la pyramide des besoins présente une dimension du bien-être qui dépasse la satisfaction des seuls besoins primaires pour inclure une gamme de besoins beaucoup plus large, les plus élevés étant d'ordre spirituel.

On a l'habitude, en géographie, de relier la qualité de vie à la satisfaction des besoins qui se situent au bas de la pyramide, en ce qui a trait aux besoins matériels notamment. La qualité de vie est aussi associée, de plus en plus souvent, aux besoins sociaux, tels que satisfaits par la communauté dans laquelle on s'insère et qui donne accès à un espace politique, culturel, etc.

Il faut alors différencier la question de niveau de vie territorial, défini comme la quantité de biens et de services mis à la disposition des individus, dans une région donnée, pour satisfaire leurs besoins matériels, du concept de qualité de vie, plus élaboré, qui incorpore les notions relationnelles de participation à un milieu social et culturel. La qualité de l'environnement humain à ce niveau particulièrement important, qualité de vie familiale, facilité des relations sociales et culturelles dans le quartier, la ville et la région, qualité des relations de travail [...]. (BAILLY, CUNHA et RACINE, 1990, p. 295)

Le bien-être, quant à lui, concerne davantage les autres types de besoin, qui relèvent plus des aspirations individuelles que du milieu à proprement parler.

2.1.2 Le caractère objectif et subjectif

Ainsi, la qualité de vie et le bien-être se différencient souvent selon deux grandes caractéristiques : l'objectivité et la subjectivité. La qualité de vie se mesure à partir de données objectives sur une population ou un milieu, tel que souligné par Langlois et Anderson (à paraître). Les variables objectives peuvent être mesurées à l'aide de recensements et d'enquêtes communautaires. Il faut reconnaître qu'un portrait de la qualité de vie objective dans un milieu donné ne traduit que de façon imparfaite le bien-être des gens qui y vivent. Dans la mesure où les besoins secondaires prennent de l'importance, les mesures objectives (par exemple, le produit intérieur brut ou le revenu national) perdent de leur valeur informative en ne reflétant que le **niveau de vie**.

The stimulus for establishing psychological well-being as part of the overall assessment of quality of life came from the social indicators movement. In the early 1970s there was a small but influential group of social psychologists and sociologists who were increasingly dissatisfied with objective measures of social well-being. They felt that social well-being also meant feelings and satisfaction with one's quality of life. Campbell and Converse (1972) argued for the inclusion of perceptual indicators as necessary components to the understanding of the quality of American life. In their work, they described the significant dimensions of psychological well-being such as personal happiness, life satisfaction, stress and anxiety. (CUTTER, 1985, p. 16)

Le bien-être, quant à lui, se mesure par l'évaluation subjective que fait une personne de son milieu ou des personnes qui habitent ledit milieu, selon ses propres critères. Ces derniers découlent des caractéristiques innées, mais également des caractéristiques que la personne a acquises au cours de sa vie. Les études d'Andrews et Withey (1976) et de Campbell et al. (1976) que nous avons consultées soulignent justement l'influence des caractéristiques de la personne (instruction, sexe, occupation, etc.) sur l'appréciation d'un milieu.

Selon Bailly et al. (1990), il est important d'évaluer à la fois la qualité de vie et le bien-être puisque ces dimensions s'entrecoupent et se complètent. Mais en réalité, nous devons souvent choisir entre un type objectif ou subjectif d'indicateurs et ce choix est difficile. Dans la présente recherche, nous donnerons priorité aux indicateurs subjectifs afin d'évaluer le bien-être des retraités de l'Outaouais.

> [...] the difficult choice between objective indicators of high reliability but low validity for the purposes of assessing human welfare and subjective indicators whose measurement reliability is lower but whose validity is much higher. (PACIONE, 1982, p. 503)

Le milieu de vie offre des ressources; ces dernières peuvent s'avérer inutiles pour certains, alors que d'autres en auront largement besoin. Certains en seront pleinement satisfaits, d'autres non. Dans l'étude de Bailly (1990), les habitants ont eux-mêmes jugé, grâce à leurs perceptions et à leurs évaluations subjectives, les paysages, le caractère de la population, la vie économique, les conditions de vie matérielles ainsi que la qualité de la vie en Suisse. Nous tenterons d'en faire autant à l'endroit des retraités de l'Outaouais.

La recension des recherches faite par Langlois et Anderson (à paraître) souligne que plusieurs textes traitent des façons de mesurer qualité de vie et bien-être. Pacione (1982, 1984) distingue entre leurs dimensions objective et subjective dans un article intitulé *The use of objective and subjective measures of life quality in human geography*. Un autre de ses articles, *The definition and measurement of quality of life*, parle de deux composantes importantes pour la qualité de vie : une composante externe et une autre interne. La composante externe comprend tout élément extérieur à l'individu ou relevant de l'environnement, alors que la composante interne réfère au potentiel et au mécanisme «psychophysiologique»[3] gratifiant la personne lors de l'évaluation de ses expériences.

Pour leur part, Bohland et David (1979) mentionnent qu'il est indispensable de considérer conjointement les caractéristiques de l'environnement et celles de l'individu. Ils ont d'ailleurs été les premiers à offrir un modèle pour comprendre davantage le bien-être des aînés. Ce modèle de la satisfaction résidentielle établit des liens entre, d'une part, la satisfaction du voisinage et la sécurité, et d'autre part, les conditions physiques.

---

[3] Terme utilisé par LANGLOIS et ANDERSON (à paraître) p. 4.

7

Barresi, Ferraro et Hobey (1983) parlent également de l'objectivité et de la subjectivité du bien-être des aînés. Ils présentent les éléments de la communauté et du voisinage devant être considérés pour mesurer la qualité de vie, en les intégrant dans le modèle environnemental de la satisfaction des personnes âgées dans un contexte urbain. Ces auteurs explorent les relations entre la perception de l'environnement des résidents d'une communauté et leur bien-être, selon les caractéristiques personnelles (par exemple, le niveau de scolarité) et les ressources disponibles.

En conclusion, la distinction entre l'objectivité associée à la qualité de vie et la subjectivité caractérisant le bien-être est relative, comme le soulignent Slottje, Scully, Hirschberg et Hayes (1991), car l'un et l'autre peuvent se fondre et s'influencer mutuellement.

> The term (quality of life) has a subjective or normative meaning that arises from individual experience of living compared to other's experiences. To the extent, the notion of quality of life is about a finite set of measurable attributes that can be weighted by some metric, the quality of life concept can be measured across environments (individuals, localities, countries) and over time. To the extent that the quality of life concept is individual perception, measurement is intractable. We believe that quality of life, like well-being or social welfare, has subjective as well as objective dimensions. (SLOTTJE, SCULLY, HIRSCHBERG and HAYES, 1991, p. 1)

2.2 L'EFFET DE L'ENVIRONNEMENT SUR LE BIEN-ETRE

L'évaluation du bien-être a évolué puisque, au départ, il était uniquement associé à l'accès à la richesse. On sait aujourd'hui qu'une bonne compréhension du concept de bien-être exige qu'on se penche sur ses déterminants sociaux et communautaires. Cette section cherche à mettre en lumière les liens entre le bien-être des personnes et leur environnement, puisque le bien-être est intrinsèquement lié aux conditions de vie des personnes et des groupes, ces conditions étant elles-mêmes largement influencées par leurs valeurs et leurs attitudes. De nombreux indicateurs permettant de mesurer le bien-être ont démontré le rôle déterminant de l'environnement sur le bien-être des individus et des populations. Somme toute, le bien-être serait la résultante de l'équilibre entre les besoins de l'individu et la satisfaction apportée par son environnement.

Le bien-être peut être considéré comme le résultat de satisfactions spécifiques dans les différents domaines de l'existence quotidienne, tels que le niveau de vie (revenu), l'emploi, la famille, le cadre de vie (logement, voisinage) [...] Le géographe s'interrogera donc moins sur la part de chaque élément responsable de la satisfaction globale que sur les raisons de leurs disparités. [...] La mesure absolue du bien-être individuel cède le pas devant la compréhension de ses variations territoriales les plus manifestes, saisies en termes relatifs. (BAILLY, CUNHA et RACINE, 1990, p. 302)

2.2.1 Les dimensions philosophiques du bien-être

Le bien-être peut être défini par trois dimensions philosophiques souvent mentionnées de façon indirecte : l'être, l'appartenance et le devenir. D'abord, l'être réfère à ce qu'un individu est aux plans physique (santé, hygiène, nutrition et autonomie), psychologique (santé mentale et estime de soi) et spirituel (valeurs et croyances). L'appartenance reflète la façon dont la personne s'inscrit dans son environnement physique (résidence, quartier, sécurité, etc.), social (réseau familial, voisinage, amis, groupes organisés) et communautaire (services sociaux et médicaux, centres de ressources, système de transport). Le devenir se rapporte aux activités permettant à la personne de se réaliser au plan pratique (activités quotidiennes reliées à la prise en charge de sa vie et de son environnement), au niveau des loisirs (activités récréatives et culturelles) et de la croissance personnelle (activités visant à développer la capacité de s'adapter aux changements, de développer de nouvelles habiletés et de résoudre des problèmes) (ANDERSON, OUELLETTE-TREMBLAY et GILBERT, 2000, p. 21).

Chacune des trois dimensions place le bien-être dans une perspective particulière. L'être souligne la perspective personnelle du bien-être : chacun est responsable de son bonheur. Puis, l'appartenance situe le bien-être dans une perspective géographique. Souvent utilisée dans l'étude des milieux de vie des personnes âgées, l'appartenance associe à un certain environnement la multitude de souvenirs et d'expériences vécues par la famille et le voisinage. Quant au devenir, il évolue parallèlement au bien-être qui change en fonction des besoins à combler ; il s'inscrit donc dans une perspective temporelle continue.

2.2.2 Le modèle environnemental du bien-être

Ces dimensions philosophiques situent le bien-être dans une perspective géographique, tout comme le font Langlois et Anderson (à paraître) dans leur modèle environnemental du bien-être. Ce modèle illustre les interactions de la personne dans un environnement tout au long d'un processus le menant à l'atteinte de son bien-être.

Ce modèle environnemental du bien-être, représenté à la figure 2, distingue trois domaines (l'environnement, l'individu et leur interface) et deux composantes du bien-être (les sphères objective et subjective). Il intègre les deux concepts clés de qualité de vie et de bien-être. La qualité de vie dépend de la congruence entre les besoins de l'individu et les ressources de son environnement tandis que le bien-être est lié à la satisfaction des expériences tirées de l'environnement et mis en relation avec les aspirations de la personne.

Figure 2 : Modèle environnemental du bien-être de Langlois et Anderson

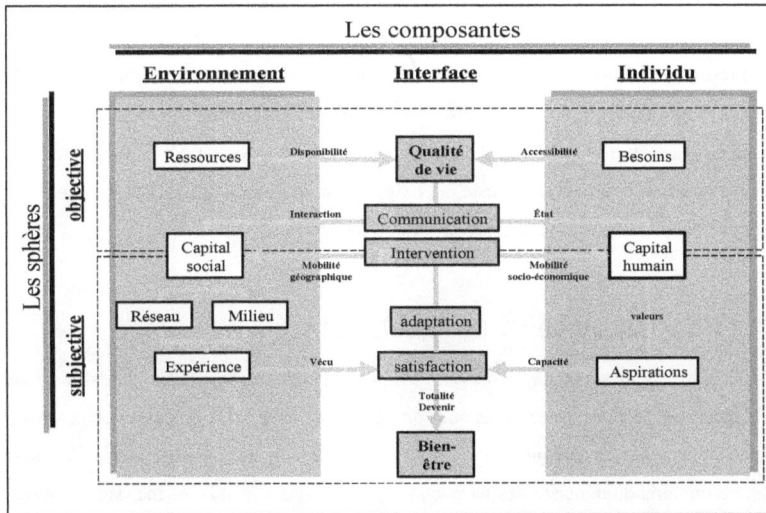

Le capital social et le capital humain se situent à la rencontre de l'objectivité et de la subjectivité où ils établissent un lien. Le capital social correspond aux possibilités

offertes par la communauté (échanges) et le capital humain réfère aux caractéristiques personnelles de chacun (l'éducation, le revenu, etc.). Le capital social modifie les expériences, alors que le capital humain influence les aspirations, les deux contribuant à la satisfaction nécessaire pour accéder au bien-être. Le modèle souligne la dimension du devenir reflétant le caractère temporel du bien-être. Un être humain doit être satisfait de ses expériences, en fonction de ses aspirations ; autrement, il n'atteint pas le bien-être et cherche à s'adapter (GILBERT et ANDREW, à paraître). Cette adaptation sera nécessaire dans maintes situations suscitant un changement d'environnement, comme la retraite. Nous examinerons maintenant l'adaptation requise lors de la retraite.

LE ROLE DE L'ADAPTATION
La fin de la vie professionnelle (i.e. la retraite) marque un changement important dans la vie d'une personne. En plus de s'**adapter** à un nouveau style de vie, la personne retraitée doit s'**adapter** au fait de passer plus de temps chez elle, de même qu'au fait de quitter le réseau social associé à son travail. En remplaçant l'«adaptation» par la «retraite» dans le modèle environnemental du bien-être de Langlois et Anderson, nous mesurerons le bien-être des retraités en Outaouais. Dans ce modèle, le bien-être est le résultat d'un rapport harmonieux entre la personne et l'environnement qui la supporte à l'aide de ses multiples ressources. De plus, ce modèle, qui permet d'évaluer le bien-être des personnes âgées, peut être ajusté pour s'appliquer aux retraités. Une description plus détaillée du modèle modifié sera présentée au chapitre 5.

2.3 LE VIEILLISSEMENT ET LE BIEN-ETRE

Il est important de parler du vieillissement dans une recherche sur la qualité de vie et le bien-être des retraités car nous nous devons de comprendre le processus de la retraite et ses défis, lesquels découlent davantage et étroitement du vieillissement. De plus, comme une grande majorité des baby-boomers franchiront la soixantaine dans quelques années, des connaissances sur le vieillissement ne peuvent qu'être bénéfiques, compte tenu des changements probables de société qui suivront.

Basculeront-ils progressivement et sereinement vers une retraite qu'ils pensent déjà bien mériter ou devront-ils jouer les prolongations, comme le suggère la France, dans le rapport Charpin et comme cela a déjà été décidé dans de nombreux pays ? En tout cas, une chose est sûre, ils ne joueront pas à faire de la figuration de par leur nombre, leur poids économique et surtout l'habitude d'avoir été, tout au long de leur vie, la génération 'nombril du monde'. (ROCHEFORT, 2000, p. 47)

Le vieillissement prévu des populations québécoise et canadienne est certes l'une des causes qui expliquent cette explosion d'études et l'intérêt généralisé pour un sujet qui naguère ne passionnait que les démographes, les spécialistes en gérontologie et les actuaires. Le vieillissement de la population entraînera des enjeux sociaux et de nouveaux défis.

Afin de mieux comprendre l'impact du vieillissement et les problèmes qui y sont reliés, nous examinerons quatre grandes idées. Nous donnerons d'abord un bref historique du vieillissement occidental pour le différencier de la vieillesse. Puis, nous soulignerons les différents types de vieillissement, avant de nous attarder aux multiples définitions inventées pour mieux distinguer les aînés. Finalement, le rôle social d'une personne âgée sera exposé afin d'approfondir nos connaissances sur son bien-être à la retraite.

2.3.1 Un bref historique

L'émergence de la notion même du vieillissement est récente. Elle date du début du XXe siècle, au moment où certains s'inquiétaient déjà d'un taux de natalité insuffisant. (BOURDELAIS, 1997). Bourdelais propose de définir l'entrée dans la vieillesse de façon progressive plutôt que de façon stricte et administrative. En définissant le vieillissement de la sorte, les problèmes liés à un âge clé, comme, par exemple, 60 ans, ne se posent plus. Surtout que depuis les années 30, l'âge de la vieillesse n'a cessé de reculer pour désormais être associé à celui où la population commence à souffrir de réelles incapacités. D'ailleurs, l'âge d'entrée dans les maisons spécialisées en soins médicaux a reculé au cours des dernières années. Nous assisterions donc à un **non-vieillissement de la population** plutôt qu'à une accélération de son vieillissement. Rochefort (2000) appuie cette idée « qu'en vingt ans, de 1966 à 1986, l'âge médian d'arrivée dans des institutions spécialisées a reculé de huit ans pour les hommes (de 72 à 80 ans) et de cinq ans pour les femmes (79 à 84 ans) » (ROCHEFORT, 2000, p. 103).

Ainsi, le vieillissement semble recentrer ses « critères de sélection » en ne se basant plus strictement sur l'âge, mais en les coordonnant aux conditions de vie. En ce sens, une personne n'est pas vieille à 60 ans mais si elle est souffrante, elle le sera probablement.

> La vieillesse est appréhendée comme un «état», ce qui lui ôte tout caractère dynamique, et il est précisé qu'elle ne désigne pas l'ensemble des vieux – comme jeunesse, qui peut signifier à la fois l'âge et l'ensemble des jeunes – mais un «âge», qui, nous l'avons vu, ne peut être fixé. (PUIJALON et TRINCAZ, 2000, p. 36)

2.3.2 Les types de vieillissement

« Le vieillissement de la population ou vieillissement démographique est le phénomène le plus important de cette fin de siècle dans les pays développés où chaque culture et chaque pays vivent une expérience différente. » (THÉVENET, 1989, p. 5) Chaque pays aurait de sa propre expérience du vieillissement, compte tenu des contextes géographique, démographique, économique et social. Il existe d'ailleurs plusieurs interprétations culturelles et disciplinaires de la vieillesse et du vieillissement. Ce dernier peut être défini différemment selon les croyances ou la profession.

> De tous temps et en tous lieux, on découpe la vie en plusieurs étapes et cette façon de diviser la vie en de multiples parties, diffère d'une culture à l'autre, tant dans le nombre d'étapes que dans leur durée. [...] Dans les sociétés complexes, plusieurs systèmes de périodisation (suite d'âges formant un système) peuvent se superposer, chacun d'entre eux se référant à un critère différent : biologique, économique, psychologique, social, etc. (LEVET-GAUTRAT, 1985, p. 26)

La littérature dénombre trois grands types de vieillissement et, ironiquement, il n'existe pas vraiment de parité entre eux : le vieillissement biologique (ou physique), le vieillissement psychologique (ou affectif) et le vieillissement social.

> En fait, la vieillesse ne peut être définie de manière satisfaisante, parce qu'elle n'est pas une donnée, un fait naturel, mais une construction historique et culturelle. Il y a d'ailleurs souvent confusion entre le vieillissement, phénomène biologique aux implications nombreuses tant au niveau individuel qu'au niveau collectif, et la vieillesse qui est une lecture singulière des transformations organiques et physiologiques. (PUIJALON et TRINCAZ, 2000, p. 38)

LE VIEILLISSEMENT BIOLOGIQUE (OU PHYSIQUE)

Ruffié (1986) fait une bonne synthèse des théories « génético-biologiques » sur les origines du vieillissement. Quatre grandes théories biologiques s'affrontent. D'abord, la première théorie dit que le vieillissement génétique serait programmé dans nos gènes, tout comme la croissance et le développement, mais que des facteurs extérieurs (accidents, maladies, manque d'éléments nutritifs, etc.) pourraient l'influer. C'est d'ailleurs ce qui expliquerait l'espérance de vie en fonction de la classe sociale dans différents pays. Leslie Orgel (1963, p. 517) offre une deuxième théorie affirmant « que les erreurs de réplique des molécules informatives ADN et ARN se produiraient au cours de la division cellulaire et aboutiraient au vieillissement ». D'autres biologistes attribuent le vieillissement à l'accumulation de déchets empêchant peu à peu les structures cellulaires de jouer leur rôle. Ces déchets peuvent être des déchets nucléaires stockés ou des radicaux libres oxydant et détériorant les tissus. Selon le chercheur Hayflick (HAYFLICK et MOORHEAD, 1961, p. 585), l'organisme obéit à un programme où chaque cellule meurt après s'être reproduite une cinquantaine de fois. Ce phénomène est appelé phénomène de Hayflick. Ce n'est pourtant pas le cas des cellules cancéreuses qui se multiplient indéfiniment. Ironiquement, la transformation d'une cellule normale en cellule cancéreuse est appelée immortalisation (RUFFIÉ, 1986, p. 236). Selon cette théorie, « la mort des cellules nous façonnerait et leur immortalité nous ferait disparaître » (LEVET et PELLETIER, 1988, p. 32-33).

Malgré ces recherches, les gérontologues affirment que le vieillissement ne peut être considéré uniquement au point de vue biologique, bien qu'il existe des processus spécifiques de vieillissement physiologique pour chaque fonction (LEVET et PELLETIER, 1988, p. 34). D'ailleurs, Ruffié (1986, p. 237) le reconnaît puisque la majorité des gens éprouveraient leurs premiers signes de vieillissement dans la soixantaine. Selon Rufié, il s'agit davantage d'une barrière psychologique (due entre autre à la proximité de la retraite) que d'une étape de nature biologique. Une fois de plus, le vieillissement est associé à la retraite.

14

LE VIEILLISSEMENT PSYCHOLOGIQUE (OU AFFECTIF)

C'est un phénomène connu que de nombreuses personnes âgées ne se sentent pas vieilles et ne se reconnaissent pas comme vieilles ; ce sont les autres qui leur renvoient l'image de leur vieillesse à partir de leur apparence (LEVET-GAUTRAT, 1985, p. 24). Le vieillissement psychologique souligne une discordance entre le sentiment vécu par une personne âgée et l'image que son entourage lui renvoie, image souvent négative.

LE VIEILLISSEMENT SOCIAL

L'âge social se définit par une succession de rôles, attribués par la société et correspondant aux conditions socio-économiques. L'âge de la retraite en est l'exemple le plus frappant, mais il en est de même pour l'âge de la majorité, tous les deux variant selon des critères économiques et culturels; quant à l'âge où l'on a le droit de se marier, il varie selon les cultures (LEVET-GAUTRAT, 1985, p. 25). Ainsi, selon la culture, la personne âgée se retrouvera en haut ou en bas de l'échelle du prestige social; il en est de même pour la reconnaissance de pouvoir et d'autorité qui lui est donnée. Se peut-il qu'il y ait autant de types de vieillissement que de cultures ?

> Le processus de vieillissement social annonçant la succession des étapes de la vie s'inscrit dans le cadre des générations qui se succèdent, entrent en interaction (conflit ou coopération) et se relayent progressivement [...]. (ATTIAS-DONFUT, 1988, p. 143)

Le vieillissement social interpelle la nouvelle génération qui pousse l'ancienne par ses aspirations et son énergie à vouloir changer le monde. Cette définition évolue parallèlement aux changements de la vie sociale et de ce fait, elle est difficilement applicable dans notre société. Au Québec, la majorité des baby-boomers rejettent cette tendance : « les générations se mêlent dans une sorte d'imbroglio de pensées et peu de nouveauté nous vient des générations ascendantes qui n'éprouvent pas le besoin de renverser les valeurs établies pour exprimer une nouvelle vision » (LELEU, 1998, p. 50).

Ces trois types de vieillissement font naître une multitude de termes définissant la personne âgée et ces définitions sont teintées par les différentes mentalités des générations qui les véhiculent. Il est donc possible qu'une personne retraitée soit en bonne santé (physiquement jeune) mais qu'elle soit perçue socialement comme vieille.

15

2.3.3 Quelques définitions

« La vieillesse ne peut être confinée à une seule définition. Elle est faite d'images multiformes. Cette ambivalence constitue l'héritage ambigu de la pensée occidentale » (PUIJALON et TRINCAZ, 2000, p. 66). Nous avons montré que les définitions et les expressions pour qualifier les personnes âgées varient selon les mentalités. S'inspirant de ces définitions, nous tenterons maintenant de clarifier la terminologie relative aux retraités. Levet et Pelletier (1988) disent qu'il n'y a pas d'âge pour la vieillesse. Pourtant, elles définissent six catégories d'aînés où chacune est caractérisée par l'âge et un événement important de sa vie. Il y a les **prévieux** dans la cinquantaine qui sont associés à la préretraite. Puis, les **jeunes vieux** dans la soixantaine sont retraités et actifs, profitant pleinement de la vie puisqu'ils en ont le temps. On retrouve aussi les **presque vieux,** âgés entre 70 et 80 ans, dont la santé commence à chanceler. Cette période est souvent associée au veuvage et/ou à un second mariage. Les **enfin vieux** sont ceux fêtant leur quatre-vingtième anniversaire, et qui, selon l'Organisation mondiale de la santé (OMS), n'appartiennent pas encore au grand âge mais à l'âge avancé. Susceptibles d'éprouver des problèmes de santé, certains **enfin vieux** déménagent dans des habitations à loyers modiques, des foyers ou des maisons de retraite. Les **hors vieux** sont âgés de plus de 90 ans et sont parfois écartés de la société, survivants de peine et de misère. Finalement, on retrouve les centenaires qui sont les **vieux du crépuscule**. Ces personnes, une « espèce rare » au XIXe siècle, se retrouvent désormais comme « une espèce en voie de banalisation » au XXIe siècle (LEVET et PELLETIER, 1988, p. 29).

L'OMS classe, pour sa part, les âges en quatre catégories soit : l'**âge moyen** de 45 à 59 ans, l'**âge mûr** de 60 à 69 ans, l'**âge avancé** de 70 à 79 ans et le **grand âge** incluant les personnes âgées de 80 ans et plus.

Selon Rochefort (2000), quatre termes sont utilisés fréquemment sans être des synonymes : **seniors**, **retraités**, **aînés** et **vieux**. Ces derniers ne s'opposent pas nécessairement mais « les frontières sont floues entre les situations où il serait naturel que l'un s'impose plus que l'autre » (ROCHEFORT, 2000, p. 23). Rochefort propose une logique inclusive afin de mieux les reconnaître. Selon lui, les **aînés** est moins péjoratif

16

que **vieux** et les **vieux** sont les plus âgés ; ils sont, par le fait même, des **retraités**. Les **retraités** ont quitté leur travail principal et deviennent, par conséquent, des **seniors**. Ce terme a été imposé par les responsables du marketing ; il s'inspirerait du sport et aurait une connotation positive. C'est peut-être dû aussi à l'influence de l'anglais. Une personne devient senior généralement « à 50 ans, mais pour certaines entreprises, c'est plutôt 55 ans; dans d'autres cas, il est même témérairement avancé à 45 ans. » (ROCHEFORT, 2000, p. 24).

> Avant, on travaillait et on mourait, maintenant, quand on s'arrête de travailler, on vit encore longtemps. Les vieux nouveaux sont arrivés et ont créé la race inédite des seniors, qui sont l'invention la plus étonnante du siècle, plus extraordinaire que celle de la pénicilline ou des télécommunications. (LEVET et PELLETIER, 1988, p. 9)

D'après Rochefort, les personnes retraitées acceptent pleinement ce terme contrairement au terme **vieux** plutôt banni au profit de **personnes âgées**. **Seniors**, **retraités** et **vieux** constituent donc une terminologie assez floue et incertaine pour plusieurs auteurs. En fait, cette terminologie peut « se permettre » d'être imprécise puisque le monde des retraités n'est pas homogène, la réalité étant que ce monde devient de plus en plus fragmenté à l'image d'une mosaïque. En fait, ces trois termes ne sont pas les seuls à être vagues. Le *Dictionnaire des personnes âgées, de la retraite et du vieillissement*[4] l'est aussi. Ce dictionnaire, apparu au début des années 80, coïncide justement avec l'augmentation du nombre de personnes âgées de plus de 60 ans et voulant trouver les mots justes. Selon ce livre, le terme de **vieux** est rejeté; **retraité** a une connotation directe au monde du travail; **troisième âge** semble artificiel et **quatrième âge** déplaît. Le terme **âgé,** signifiant qui a un âge assez grand, est devenu un euphémisme usuel du terme **vieux** dans l'expression **personne âgée**. (PUIJALON et TRINCAZ, 2000, p. 35) Une personne âgée est une personne plus âgée que la moyenne des autres personnes de la population dans laquelle elle vit. Pourtant, Puijalon et Trincaz (2000, p. 33) nous mettent en garde : « en étudiant ce dictionnaire, on constate que ce travail soulève plus de questions qu'il n'apporte de réponses. Il accroît le flou des définitions et renforce, sinon induit, la stigmatisation de cette longue période de vie ».

---

[4] *Dictionnaire des personnes âgées, de la retraite et du vieillissement* (1984) Franterm, Nathan, Paris.

Par exemple, l'expression **personne âgée** y est définie selon l'opinion courante comme un concept qui sous-entend souvent que cette personne n'a plus d'activité rémunérée et qu'elle a des capacités diminuées. L'âge ne semblerait donc pas être le facteur déterminant pour l'appellation de personnes âgées, alors que la perte d'activités rémunérées en serait un, au même titre que la définition des retraités. À ce propos, Paillat (1990, p. 203-207) écrit : « Les intéressés (retraités) eux-mêmes tiennent à ne pas être assimilés à des personnes âgées, ce qui implique de leur part un jugement négatif de la vieillesse et même de l'âge. »

> En effet, si la vieillesse est un état relevant à la fois du physiologique, du psychologique et du social, la retraite, elle, est un fait institutionnel dont les limites sont socialement fixées de façon arbitraire; quant au troisième âge, sa définition fluctue selon les disciplines et les enjeux. Cette expression est d'ailleurs récusée maintenant, aussi bien par les personnes âgées elles-mêmes, que par le secrétaire d'État chargé des personnes âgées. Elle continue pourtant d'être utilisée par certains professionnels. (LEVET-GAUTRAT, 1985, p. 30)

Selon Gilleard et Higgs (2000, p. 37), la prise de conscience de l'existence du troisième âge est relativement récente. "The Third Age is a phrase of French origin, and was used in the title of *Les Universités du Troisième Âge* when they began to be instituted in France in the 1970s. It seems to have entered Anglo-Saxon vocabulary when the first of the British Universities of the Third Age was founded at Cambridge in the summer of 1981."

Le **troisième âge** et le **quatrième âge** sont donc des classifications de l'âge et des caractéristiques socio-économiques qui permettent d'intégrer plus facilement l'ensemble des individus vieillissants dans des catégories spécifiques. C'est ainsi que le **troisième âge** est le seuil de la vieillesse et débute à la retraite. Puis, le **quatrième âge** ouvre la période de la perte d'autonomie irréversible due à l'âge, quel qu'en soit le degré (LEVET-GAUTRAT, 1985, p. 30). D'ailleurs, Grand'Maison et Lefebvre (1994, p. 227) distinguent le troisième âge du quatrième âge par les appellations de **jeunes vieux** et de **vieux vieux**. Ainsi, le troisième âge souligne les traits dynamiques abondamment véhiculés dans les médias et à l'image de la société post-industrielle. « Le troisième âge est le temps de vivre, de faire ce qu'on a envie de faire, de vivre sa retraite comme on l'entend, d'être heureux en un mot, et le sentiment de bonheur est déterminant dans le bien-vieillir. Quant au quatrième âge, cette dernière période de la vie correspond à un état de dépendance tant mentale que physique » (THÉVENET, 1989, p. 3).

Tous ces termes ont trait au vieillissement sans toutefois l'exprimer avec la même force. Bien que le vieillissement, la retraite et l'absence de rôle dans la société soient liés, ces termes soulignent surtout le caractère irréversible du vieillissement démographique auquel la retraite est associée de façon indéniable.

2.3.4 Le rôle social d'une personne âgée

Le vieillissement ne se définit pas de façon universelle ; toutefois, deux concepts différents permettent de le caractériser. D'abord, si on parle de vieillissement individuel, il s'agit d'un **phénomène continu, irréversible et propre à chacun**. Par contre, le vieillissement de la société est **un phénomène fluctuant et pouvant être réversible selon les manifestations des générations**. C'est le vieillissement individuel qui nous intéresse (THÉVENET, 1989, p. 5).

Le vieillissement doit être perçu comme une modification de l'organisation du temps de notre cycle de vie. Le modèle traditionnel d'un cycle de vie est structuré en fonction du travail : « une première phase de vie consacrée à l'éducation ; une troisième phase, dite de retraite et, entre les deux, une période où on n'a d'autre choix que de travailler ou être en chômage » (BRUNHES, 1994, p. 60). Selon ce modèle, les étapes de la vie sont associées aux loisirs, au statut social, au type de revenu et à l'état de santé. Au cours des vingt dernières années, le chômage, le prolongement de la vie et les transformations socio-culturelles ont toutefois transformé ce modèle traditionnel (JOËL, 1997, p. 10).

En l'absence de modèle traditionnel de la retraite, la Charte québécoise des droits et libertés prévoit « la reconnaissance et l'exercice des droits et libertés de la personne, sans distinction, exclusion ou préférence fondée sur l'âge ». Cette disposition légale semble refléter une meilleure reconnaissance de la dignité des personnes âgées (HÉTU, 1994, p. 135). Pourtant, la société les infériorise, compte tenu des modèles culturels n'offrant aucune possibilité de supériorité. Marquées par la perte de plusieurs rôles, elles deviennent dépourvues de statut social valorisant.

Le premier rôle à disparaître est celui de parent, lorsque les enfants quittent le nid familial. Puis, vient la perte du rôle professionnel avec la retraite. La retraite entraîne d'un seul coup des bouleversements majeurs dans le travail, les rapports sociaux, les revenus et le comportement quotidien, puisque plusieurs éléments (comme les engagements sociaux, syndicaux ou politiques) accompagnaient le rôle professionnel (FRIEDAN, 1995, p. 153). Une personne à la retraite n'a-t-elle plus de rôle social ?

> Pour qu'un être humain soit traité comme il le souhaite, c'est-à-dire en personne, il lui faut être utile d'une façon ou d'une autre. Il lui faut une place, il faut qu'il soit nécessaire à autrui. Pour exister encore dans une société, il faut donc y avoir un rôle. Quel rôle a-t-on attribué à ce nouvel âge que l'on a créé sans même y prendre garde ? Hélas, le seul rôle qu'on lui ait jusqu'ici reconnu est celui de consommateur ! ». (GRÉGOIRE, 1987, p. 87-88)

Il y aurait en fait une tendance inverse où une place centrale leur serait reconnue, surtout dans les domaines politique, éducatif, moral ou de consommation. Les personnes âgées doivent mettre leurs connaissances au profit de la communauté : «C'est grâce à la solidarité, à la disponibilité et à la générosité des retraités de demain, ceux qui ont vécu l'expansion et le dynamisme des Trente Glorieuses, que pourront être résolus beaucoup de problèmes sociaux ou familiaux » (PUIJALON et TRINCAZ, 2000, p. 122). Selon lui, les aînés devraient rester actifs au niveau économique sans toutefois concurrencer les travailleurs. Pourtant, Lesemann ne semble pas de cet avis :

> La représentation du vieillissement a complètement changé passant de la dépendance à l'image de retraités autonomes et actifs défendant leurs intérêts et participant activement à la société de consommation. (LESEMANN, 1998, p. 4)

Nous concluons en disant que les personnes âgées et retraitées auraient un rôle de consommateur, un rôle familial et un rôle social. Le rôle familial privilégié est celui de grand-parent dynamique et disponible ; il serait l'élément stable au milieu des familles éclatées et recomposées. En dehors de la famille, les personnes âgées peuvent choisir dans tout un éventail d'activités sociales : bénévolat, activités humanitaires, vie associative et municipale, prise en charge des aînés du quatrième âge, etc. Nous pouvons aussi y inclure les études, la lecture, les activités sportives et toute autre activité artistique ou intellectuelle. « Philosopher, méditer, étudier, se retirer, voyager, ne pas imiter ou gêner les jeunes gens... » Comme le disait Socrate : «Cesser d'apprendre, c'est commencer à vieillir. » (PUIJALON et TRINCAZ, 2000, p. 122-124)

2.4 CONCLUSION

Dans ce chapitre, nous avons examiné trois concepts importants : la distinction entre la qualité de vie et le bien-être, l'intégration de l'environnement dans le bien-être par le modèle environnemental du bien-être (LANGLOIS et ANDERSON, à paraître), ainsi qu'une synthèse du vieillissement et de ses enjeux. Les concepts de qualité de vie et de bien-être sont fondés sur la théorie de Maslow. Les besoins inférieurs doivent être satisfaits avant de montrer un intérêt pour les besoins supérieurs. La qualité de vie découle des conditions de vie objectives de l'environnement (ressources). Quant au bien-être, plutôt subjectif, il se traduit par la satisfaction des conditions de vie objectives reliées aux aspirations d'une personne.

Le deuxième concept original de cette recherche est le modèle environnemental du bien-être développé par Langlois et Anderson (à paraître). Il intègre la qualité de vie et le bien-être dans une perspective environnementale où le bien-être résulte de l'équilibre entre l'individu (et ses aspirations) et les ressources offertes par son milieu de vie (environnements social, physique et communautaire). Au chapitre 5, ce modèle sera adapté aux spécificités de la retraite afin d'en comprendre pleinement les enjeux.

De plus, nous avons vu que le vieillissement a trois stades particuliers : biologique, psychologique et social. Aucun âge particulier ne peut être associé au vieillissement puisque chaque personne vieillit avec son bagage (biologique, éducatif et socio-culturel). Nous savons aussi que le biologique agit sur tous, bien qu'à des rythmes différents et que, à cause du vieillissement, le rôle social change avec la retraite. Conséquemment, les changements de style de vie des personnes âgées suscitent des relations différentes avec l'environnement dans lequel elles vivent.

Une belle introduction au paradoxe de la vieillesse. On est vieux de plus en plus tôt mais on reste jeune de plus en plus longtemps. De 55 à 65 ans, une décennie particulièrement mouvementée ! On change de rythme de vie, de rôle, de statut et sans doute d'envie. Un moment de crise ? Comment se vit le temps de plus en plus long de la retraite ? (LELEU, 1998, p. 63)

Enfin, les expressions caractérisant les aînés sont floues et mal définies; leur utilisation à mauvais escient contribue à augmenter la confusion entre les différentes étapes de fin de vie. Dans le chapitre suivant, nous nous concentrerons sur la retraite pour y associer la notion de bien-être dans un contexte environnemental.

CHAPITRE 3

DEUXIEME REVUE DE LITTERATURE : LA RETRAITE

Naturelle et paisible pour certains, difficile pour d'autres, la retraite n'est pas la même pour tous. Elle peut se révéler très positive (liberté, voyages, etc.) ou alors être perçue négativement à cause des changements provoqués. Afin d'approfondir ce concept et son évolution dans notre société, nous présenterons la retraite sous quatre angles différents. Après un bref historique, nous identifierons ses différents modèles, ces derniers soulignant les changements survenus parallèlement dans la société. Ensuite, nous aborderons la retraite comme une transition composée de plusieurs phases exigeant chacune une adaptation. Finalement, nous établirons des liens entre la retraite et le modèle environnemental du bien-être, en présentant différents points de vue quant à l'effet de la retraite sur le bien-être.

3.1 HISTORIQUE DE LA RETRAITE

D'où provient le concept de retraite et pourquoi n'est-il pas présent dans les civilisations primitives où le travail (économie agraire) est étroitement lié à la famille? Le terme «retraite» est flou et son interprétation va de pair avec la société qui la définit. Selon Martin Kholi (1989, p. 92), la retraite est **une construction sociale** liée directement aux éléments fondamentaux des sociétés capitalistes contemporaines. Née du passage de l'économie agraire et familiale à une économie industrielle, elle a pris son envol au début des années 1950 dans les pays occidentaux. (HOGUE-CHARLEVOIX et PARÉ, 1998, p. 90)

> De l'Assistance-Vieillesse de 1927 à la mise en place de la Pension universelle de Sécurité de la Vieillesse en 1951, puis de la Régie des Rentes et des divers programmes annexes, l'histoire s'est répétée : la retraite a toujours été organisée en fonction des aléas du marché du travail. [...]. En 1951, le nouveau et premier programme de retraite universelle était accessible aux 70 ans et plus. Une vingtaine d'années plus tard, la Sécurité de la Vieillesse pouvait être assurée dès 65 ans. Enfin en 1984, la Régie des Rentes était autorisée par le législateur à verser des prestations dès l'âge de 60 ans. On constate donc un abaissement progressif de l'âge de la retraite, l'âge légal se réajustant à la baisse pour tenter de correspondre à l'âge moyen réel de la sortie définitive du marché de l'emploi. (CARETTE, 1994, p. 32-33)

Issue de l'industrialisation et de la conception économique du travail, ce phénomène a pris de l'ampleur au cours des vingt dernières années et coïncide avec l'arrivée de la haute technologie, qui a obligé les gens à se perfectionner et à se spécialiser dans d'autres domaines et accélérant le retrait des travailleurs plus âgés (dépassés ou refusant de se recycler). Nous comprenons alors qu'une grande partie des travailleurs, dans la cinquantaine, voyaient la retraite comme une liberté, une libération des contraintes liées au travail ou une **conquête sociale majeure** (PAILLAT et al., 1989, p. 11).

D'ailleurs, la proportion des travailleurs âgés n'a cessé de baisser au Québec; de 1951 à 1991, le taux d'hommes de 65 ans et plus encore au travail est passé de 38,6 % à 14,4 %. Depuis les années 1970, les retraites anticipées (avant 65 ans et même avant 60 ans dans la fonction publique ou parapublique) se sont multipliées. De 1971 à 1991, le taux d'activité des hommes de 55 à 59 ans est passé de 85,4 % à 78,3 %, alors que celui des 60 à 64 ans a considérablement diminué, passant de 72,9 % à 54,1 %. Selon les statistiques de la Régie des rentes du Québec, disponibles dans le rapport du Conseil des aînés (1997, p. 68), 62 % des retraités avaient moins de 65 ans en 1985, comparativement à 71 % en 1993. L'évolution de la retraite s'est reflétée différemment chez les femmes de 55 à 59 ans où le contraire s'est produit. Aujourd'hui, la retraite est de plus en plus hâtive, sauf chez les femmes qui ont généralement des revenus moindres. Nous verrons au chapitre 4 que les femmes âgées de l'Outaouais vivent effectivement une situation très inégale quant à la distribution des ressources financières.

Aujourd'hui, la définition de la retraite ne semble pas avoir évolué. Pour qu'une personne soit retraitée, elle doit avoir quitté définitivement son emploi (travail principal[5]) ou cessé le travail lui servant de gagne-pain. Cependant, la définition englobe toute personne ayant déjà abandonné la vie active. D'ailleurs, la définition de personne retraitée, tirée de l'encyclopédie électronique *Hachette Multimédia 2001* (http://www.encyclopedie-hachette.com/W3E/) se lit comme suit : « Situation d'une personne qui s'est retirée définitivement de la vie active et qui touche une pension ».

---

[5] Le travail principal réfère à l'emploi exercé durant la majorité de la vie professionnelle.

Nous voyons donc que pour être retraitée, la personne doit avoir quitté le marché du travail. Mais qu'arrive-t-il si une personne n'ayant pas travaillé se considère retraitée ? Dès lors, et à cause des données avec lesquelles nous travaillerons, une personne sera dite retraitée si elle se considère comme telle. Notre définition opérationnelle de la retraite sera donc subjective puisqu'elle est basée sur la perception qu'une personne a de sa situation.

Ainsi, compte tenu des inégalités du revenu selon les sexes ou de la définition même de la retraite, les retraités sont loin de former un groupe homogène, tant au plan de l'âge que du statut (HOGUE-CHARLEBOIX et PARÉ, 1998, p. 89). Trois facteurs importants font en sorte que les retraités constituent un groupe difficile à définir : la diversité des situations, la diversité des phases de la vie et la diversité des transitions (CASSAIGNE, 1997, p. 5). Nous porterons donc une attention particulière aux différents modèles de retraite ainsi qu'à ses différentes phases.

3.2 CHANGEMENT DE LA FONCTION DE LA RETRAITE

À la fin de la deuxième Guerre mondiale, une personne était à la retraite si elle avait préalablement mis fin à sa vie professionnelle, si elle obtenait une pension de retraite et si, progressivement, plusieurs handicaps apparaissaient avec l'âge (GAULLIER, 1997, p. 66). Étant donné l'âge tardif de la cessation d'emploi et l'espérance de vie moins longue qu'aujourd'hui, la retraite était alors perçue comme une phase de courte durée. Le portrait est tout autre aujourd'hui ! La retraite, désormais plus hâtive, semble favoriser un plus grand rôle social qu'avant. Ce rôle a donc évolué et s'est transformé depuis le début de l'industrialisation. Afin de s'ajuster à une espérance de vie accrue, les sociétés industrialisées ont réorganisé le marché du travail et implanté des régimes de sécurité de vieillesse (HOGUE-CHARLEBOIX et PARÉ, 1998, p. 90). Du même coup, le cycle de vie du travailleur a considérablement diminué dans plusieurs pays occidentaux; les pays hautement industrialisés ont enregistré une baisse massive de l'activité «travail» après 55 ans, sauf en Suède (GUILLEMARD, 1997, p. 16) et au Japon (ESTIENNE, 1994, p. 68).

> Nous assistons à un remaniement profond de la transition de l'activité à la retraite. Celle-ci annonce une désinstitutionalisation d'un modèle qui ordonnait le parcours des âges en trois temps successifs aux fonctions bien distinctes : la jeunesse se forme, l'âge adulte est au travail et la vieillesse a droit au repos. (GUILLEMARD, 1997, p. 16)

Ainsi, la tendance d'aujourd'hui mène à un raccourcissement général de la vie professionnelle. De plus, ce raccourcissement, lorsque les conditions de départ du travail y sont favorables, est encouragé par l'ensemble des partenaires sociaux, malgré que l'approche comptable suggère de plus en plus de la repousser (GAULLIER, 1994, p. 96).

> Les systèmes de retraite sont en crise, on le sait, et il est devenu évident dans chaque pays comme dans les organismes internationaux qu'un des aspects essentiels des réformes à entreprendre est de repousser l'âge de la retraite : la logique financière, appuyée sur les projections démographiques, rend les décisions inéluctables. En réalité cette évidence est loin d'être aussi évidente qu'il peut sembler puisqu'au même moment la tendance générale des entreprises est de raccourcir la vie professionnelle au nom de leur compétitivité. (GAULLIER, 1997, p. 63)

Il n'en reste pas moins que l'âge de la retraite reste un lieu conflictuel d'arbitrages collectifs et de compromis sociaux entre des données diverses : travail et loisirs, revenus et statut social, vieillesse et longévité, dans un contexte où ces éléments se transforment rapidement (GAULLIER, 1997, p. 66).

Quoiqu'il en soit, plusieurs signes montrent que les Canadiens ont définitivement changé leur optique face au travail, ce qui va de pair avec le raccourcissement du cycle du travail. Le premier pas a été pris par les baby-boomers qui acceptaient de moins en moins de tout sacrifier pour le travail.

> Une enquête canadienne récente révélait que près du tiers d'entre eux avaient déjà refusé un emploi, une promotion ou un transfert parce que cela signifiait moins de temps passé avec leur famille. J'ai pu constater récemment, au cours d'une grande tournée de consultations auprès des familles québécoises, comment les couples et les familles d'aujourd'hui étaient attachés à la qualité de vie. (ANCTIL, 1995, p. 11)

Compte tenu de leur nombre, les baby-boomers ont radicalement changé les habitudes de travail. Par exemple, le travail à domicile concrétisait une nouvelle idée, celle d'une qualité de vie dans un environnement sain. Cette tendance semble d'ailleurs bien établie, comme le démontrent les "Woofies" (Well Off Older Folks)[6]. Ces derniers constituent une nouvelle génération de retraités dont le statut économique s'est

---

[6] Terme utilisé par FIRBANK, 1995, p. 13.

considérablement amélioré depuis les vingt dernières années. Avec des moyens financiers supérieurs à ceux de leurs parents, les "Woofies" peuvent accorder plus d'importance à leur qualité de vie. Notons cependant que les retraités ne sont pas tous des "Woofies" (tant au niveau économique que démographique ou social, mais on en dénombre de plus en plus).

Étant donné l'importance accrue accordée à la qualité de vie au détriment de la fonction travail, la distinction entre cycles de vie productif et non productif semble s'estomper progressivement chez les baby-boomers. En effet, la personne retraitée continuerait de s'adonner à différentes activités comme avant la retraite, diminuant ainsi cette distinction entre travailleurs et retraités. Est-ce que la retraite a un effet positif ou négatif sur le bien-être des personnes? C'est ce que nous tenterons de savoir.

3.2.1 Les défis reliés à la retraite - modèles de retraite-

Autrefois, le modèle courant de la retraite était un modèle de « retraite-retrait ». Cette conception traditionnelle de la retraite correspondait à l'abandon des forces et des capacités des retraités (CASTELAIN-MEUNIER, 1985, p. 14). Selon plusieurs auteurs, ce modèle est désuet puisqu'il intègre mal la modernité au vécu de la personne retraitée (MUTCHLER et al. (1997), O'RAND (1996), ELDER et O'RAND (1995), GUILLEMARD et REIN (1993), HENRETTA (2001)).

> Retirement is commonly viewed as all-or-nothing, and indeed many current retirement policies reflect this view. Nevertheless, retirement can be gradual or partial rather than sudden or complete. Thus, operational definition of retirement as a substantial reduction in employment accompanied by income from a retirement pension or personal savings is preferable to dichotomous definition. (ATCHLEY, 1982-a, p. 263.)

Castelain-Meunier (1985), Villez (1997) et Bédard (1994) constatent l'absence de modèle unique de retraite. Ils expliquent que ce n'est pas mauvais en soi, compte tenu des diverses formes de fin de carrière professionnelle et des différentes modalités de passage à la retraite. Il existe autant de modes de vie que de formes de retraite : « Il n'existe pas de mode de vie unique convenant idéalement à la retraite » (ZAY, BLOSSOM et RIVARD, 1987, p. 48).

Le seul « modèle » de retraite ou de préparation à la retraite qui vaille est uniquement celui que l'adulte voudra bien se construire, en tenant compte, comme nous l'avons mentionné, de sa structure de vie, des composantes de sa personnalité et de l'articulation de son identité. (BÉDARD, 1994, p. 294)

L'idée d'un modèle unique de retraite est rejetée par tous les auteurs, bien que certains d'entre eux décrivent quelques grands types de retraite correspondant à des valeurs plutôt traditionnelles. Selon Villez (1997), il existerait cinq types de retraite: **la retraite-repos, la retraite-loisirs, la retraite culturelle, la retraite solidaire** et **la retraite-solitude**. D'abord, **la retraite-repos** regroupe ceux qui se retirent de leurs engagements sociaux : « Il s'agit, dans la plupart des cas, de réfractaires à toute forme de participation à la vie sociale; leur socialisation se limite au cercle familial et leurs loisirs à la consommation individuelle et/ou familiale d'équipements et/ou de services (télévision, musique, tourisme, etc. » (VILLEZ, 1997, p. 62). **La retraite-loisirs** est en fait une retraite « où la consommation, plus ou moins frénétique des activités, se vit le plus souvent selon un mode collectif et organisé sous forme de socialisation intragénérationnelle : activités et lieux sont réservés à des périodes ou des plages horaires ne permettant pas de rencontre avec d'autres générations » (VILLEZ, 1997, p. 62-63). On retrouve aussi **la retraite culturelle,** apparentée à la retraite-loisirs mais ciblant plus particulièrement les retraités des classes moyenne et dirigeante. Le meilleur exemple est l'université du temps libre, anciennement université du troisième âge. Également, **la retraite solidaire** semble l'héritière des mots d'ordre lancés dans les années 1970 où l'on prônait les initiatives d'activités économiques. Aidant à la création d'entreprise ou de PME, ces initiatives encourageaient aussi des activités de solidarité entre générations et des activités de lutte contre l'exclusion, notamment celle des personnes défavorisées. (VILLEZ, 1997, p. 64) Finalement, **la retraite-solitude** est l'opposée des retraites active et solidaire puisqu'elle est synonyme de solitude et/ou de dépendance, de confinement à domicile ou dans des établissements d'hébergement. Les types de **retraite-repos** et de **retraite-mort-sociale** sont réservés aux grands vieillards des quatrième et cinquième âges (LELEU, 1998, p. 69).

Comme les types de retraite correspondent aux valeurs traditionnelles, leur rejet est un signe de renouveau où la société bouleverse les valeurs d'antan (GAULLIER,

1994, p. 98). Ainsi, la valeur travail serait remise en question au profit des temps libres et des loisirs, réservés autrefois aux paresseux. D'ailleurs, la société québécoise semble s'être adaptée aux nouvelles valeurs. Depuis une vingtaine d'années, la CARRAQ (Commission administrative des régimes de retraite et d'assurance du Québec) offre des sessions de préparation à la retraite et plusieurs associations de retraités ont vu le jour dans les secteurs public, parapublic et dans les grandes entreprises. En fait, la préparation à la retraite « est en voie de devenir une préoccupation majeure pour les gens qui souhaitent que cette autre période de vie en soit une de satisfaction, de bien-être et d'épanouissement. » (BÉDARD, 1994, p. 288)

Pourtant, ce n'est pas garanti que les cours de préparation à la retraite aident la personne qui ne se sent pas prête. Friedmann et Orbach (1974, p. 637) citent une étude comparant un groupe de préretraités préparés à la retraite à un autre groupe de préretraités qui ne l'étaient pas. Ces chercheurs avouent qu'il était difficile de mesurer l'effet de la préparation à la retraite, mais ils pouvaient toutefois noter la présence d'une faible relation positive entre la préparation à la retraite et l'ajustement à celle-ci.

Ces cours préparatoires à la retraite sont offerts pour adoucir le passage de la vie active à une vie de temps libre et de loisirs. D'ailleurs, ce passage d'une vie active à celle de retraité implique une transformation de structure de vie et l'entrée dans une phase de vie associée à une nouvelle forme de **participation** (FRAGNIÈRE et al. (1996, p. 30).

> Elle est une période de longue durée qui commence avec les problèmes de la fin de carrière, se continue avec les sorties diverses de la vie professionnelle et débouche sur des « activités » nouvelles pendant la période de retraite proprement dite. (GAULLIER, 1994, p. 8)

La retraite est donc la transition d'un mode de vie à un autre. Nous développerons davantage cette idée dans la section suivante.

3.3 LA RETRAITE COMME TRANSITION

Selon les différents auteurs, la retraite, en plus de correspondre à un nouveau rôle social, peut être perçue soit comme un état de crise, soit comme une transition graduelle.

Nous aborderons d'abord la retraite comme une transition progressive (ATCHLEY, 1976). Puis, nous envisagerons l'adaptation à la retraite vécue plutôt comme une crise susceptible d'influencer négativement le bien-être des personnes retraitées. Les divergences d'opinions quant à la façon de percevoir la retraite sont aussi nombreuses que les auteurs ! Pourtant, tous s'entendent pour dire que la personne retraitée doit vivre un changement de cycle de vie, passant d'un cycle productif à un cycle inactif.

> Le passage est toujours vu comme une cassure à la fois dans la vie professionnelle (perte de statut social, réduction du champ d'intervention et d'action), dans la vie personnelle (repli sur le cercle familial, modification des rapports au sein du couple et de la famille), dans les conditions matérielles de vie (baisse des ressources, restrictions en matière de loisirs, tourisme, logement, etc.) et dans l'organisation du temps de vivre (absence de contraintes quotidiennes, vertige devant une masse de temps libéré à occuper, à gérer.) (KERSCHEN, 1985, p. 7)

3.3.1 Les phases liées à la retraite

Selon le premier point de vue, la retraite peut correspondre à un événement dynamique, commençant avant même la prise de la retraite et se poursuivant jusqu'à la mort. Ce passage comporte différentes phases et suppose que la retraite n'est pas un événement ponctuel mais plutôt continu et qui s'inscrit dans le cycle de vie. Selon Robert C. Atchley, la retraite comporte en effet différentes étapes; elle s'intègre donc à une perspective temporelle. Robert C. Atchley est une personne clé ayant contribué, au cours des trente dernières années, au développement de la gérontologie sociale. Professeur émérite en gérontologie à l'Université de l'Ohio (Miami) et pionnier de l'étude de la retraite, il a identifié, en 1976, diverses phases expliquant le processus vécu par la plupart des retraités (http://www.secondjourney.org/org_dev/plan_0101.htm). Au nombre de sept, elles peuvent être regroupées en six, étant donné que deux phases correspondent à la préretraite. Les personnes retraitées peuvent vivre ou non toutes ces phases, à différents moments et à des degrés divers. Les prochaines pages décriront ces sept étapes, à savoir l'anticipation, la préretraite (phases lointaine et rapprochée), la phase lune de miel, la phase de désillusion, la phase de réorientation et la réorganisation.

L'anticipation de la retraite est associée aux idées que les personnes se font de la retraite. Le futur retraité doit s'informer et se sensibiliser aux changements possibles pour contrer les imprévus de la retraite ; il doit utiliser trois critères pour savoir si ses plans de retraite sont réalistes. Ces trois critères sont le revenu disponible, l'état de santé général (bien-être physique et psychologique) et l'importance accordée aux activités autres que celles reliées au travail (PLAMONDON, PLAMONDON et CARETTE, 1984, p. 49-51). En somme, la personne réalise que, pour réussir sa retraite, de nombreuses conditions demeurent incontrôlables.

La préretraite ou l'élaboration du projet de retraite se divise en deux phases soit **la phase lointaine et la phase rapprochée** (*remote and near phases*). C'est en quelque sorte le point de départ du processus de passage du cycle de vie productif au cycle inactif. Le plus souvent, cette phase survient lorsque la personne réalise que sa retraite, qu'elle soit choisie, imposée ou conseillée par l'employeur, arrive à grand pas. « Les travailleurs peuvent alors adopter, face à leur emploi, l'attitude peu consciencieuse d'un employé engagé pour une courte période ainsi que se faire une idée de la tournure précise que prendra leur retraite» (ZAY, BLOSSOM et RIVARD, 1987, p. 49). Pourtant, d'autres ne le voient pas ainsi et préfèrent se préparer à cesser définitivement de travailler. Il n'existe pas de démarcation officielle entre la période de vie active dite de « production » et la préretraite, ni d'âge déterminé ni de statut précis pouvant identifier quelqu'un comme préretraité. À la limite, la notion de préretraite devient aussi floue que celle de retraite. D'ailleurs, son utilisation fréquente est peut-être la conséquence de la généralisation de la retraite comme nouveau cycle de vie.

La phase de lune de miel ou d'euphorie concerne les retraités qui font enfin ce qu'ils ont toujours voulu faire étant donné qu'ils en ont maintenant le temps. Cette phase marquerait la fin du cycle de travail et des contraintes s'y rattachant comme les horaires, les obligations sociales, etc. (PLAMONDON, PLAMONDON et CARETTE, 1984, p. 72). Dès lors, le retraité peut se concentrer pleinement sur ses aspirations personnelles dans le but de se changer les idées. L'idée du changement et du renouvellement peut passer du dépaysement prolongé (voyage) aux activités solitaires ou simplement à la réduction des routines. L'essentiel est d'y réfléchir à l'avance pour être prêt. Il faut donc planifier sa retraite de façon réaliste. D'ailleurs, si le retraité possède des ressources suffisantes et assez d'imagination pour les utiliser, cette période peut durer des années (ZAY, BLOSSOM et RIVARD, 1987, p. 50). Mais, s'il n'a pas ou s'il a mal planifié sa situation financière, cette phase peut être considérablement écourtée. « La première année de la retraite semble également en être une de vacances et de loisirs pour la plupart des nouveaux retraités de l'État : plus de la moitié des retraités se sentent en vacances. Ceci va dans le sens de la thèse de Xavier Gaullier selon laquelle la première année de la retraite en est une d'euphorie » (DORION, FLEURY et LECLERC, 1998, p. 7).

La phase de désillusion ou de désorientation survient lorsque le nouveau retraité cherche à reprendre un rythme de vie normal, c'est-à-dire tente de retrouver la stabilité de sa vie habituelle, laquelle hélas n'existe plus. Alors, une nouvelle rupture s'amorce et le retraité doit mettre ses souvenirs de côté. L'excitation de la libération du travail s'estompe graduellement. Plus les espérances liées à la retraite étaient fantaisistes, plus la déception risque d'être amère. La coupure avec le passé ne peut se faire d'un seul coup. Il y a une période de désorganisation nécessaire qui permet de faire place à de nouvelles choses. Il faut mentionner que le remplacement d'une chose par une autre (par exemple, l'horaire d'une journée) n'est pas essentiel à ce stade-ci : un changement implique une réelle mutation de la façon d'être, d'agir et de penser. Cette période, quoique difficile, est nécessaire au retraité pour qu'il s'adapte bien à un nouveau rythme de vie.

> Le retraité ne peut plus utiliser ses vieilles manières d'être relié au monde : l'environnement a changé, le temps n'est plus programmé comme avant, les activités disponibles et l'entourage sont différents. Le contexte de vie est nouveau et le retraité ne peut s'y ajuster immédiatement. (PLAMONDON, PLAMONDON et CARETTE, 1984, p. 76).

La phase de réorientation fait suite à la phase de désorientation ou de désillusion, mais ici, les retraités évaluent leurs choix de façon plus réaliste. Étant plus présent au domicile familial, le retraité voit différemment sa vie de couple et de famille. Les choix faits à ce stade détermineront la qualité de la retraite pour les années futures.

La réorganisation ou phase de recherche de la stabilité survient lorsque le retraité refait sa vie ; il réorganise alors les ressources dont il dispose. C'est la stabilité pour lui car il devient pleinement conscient de ses possibilités et de ses limites. Toutefois, il ne s'agit pas de stabilité permanente, mais plutôt d'une mise à jour.

Finalement, il n'y a pas de solution miracle ni de retraite toute faite. « Il y a ce que nous sommes, ce que nous avons et ce qui nous entoure » (PLAMONDON, PLAMONDON et CARETTE, 1984, p. 78). Ces phases nous permettent de mieux comprendre le processus vécu à la retraite. Elles sont d'autant plus utiles qu'elles seront le fondement de notre première hypothèse cherchant à évaluer le lien entre le bien-être et le nombre d'années à la retraite ou à la préretraite.

3.3.2 L'adaptation à la retraite

Atchley et ses disciples divisent la retraite en phases en l'inscrivant dans une dimension temporelle et comme une suite au travail. Il existe pourtant d'autres façons de concevoir la retraite. Plusieurs auteurs disent que la retraite suscite une crise et qu'il est possible de déterminer les facteurs permettant ou non de s'y adapter. Identifiés par de nombreuses études, ces facteurs donnent lieu à plusieurs contradictions liées aux divers résultats obtenus. Qui plus est, quelques auteurs disent que l'adaptation à la retraite serait plus facile pour les hommes, alors que d'autres soutiennent que les femmes s'en tireraient mieux.

> This reorganization presents ''perhaps the most explicit challenge'' for life course theory, not only as an explanatory task but also as a theoretical window on the construction of the life course in general and the articulation of endogenous and exogenous factors underlying the life course in particular. (GUILLEMARD et REIN, 1993, p. 469)

Ainsi, la retraite peut être vue comme une crise que certain facteurs sont susceptibles d'influencer, lesquels seront d'ailleurs examinés dans cette thèse.

L'ADAPTATION NEGATIVE OU LA CRISE

L'hypothèse selon laquelle la retraite constitue un événement stressant et causant parfois la maladie repose sur l'idée que cette période exige une adaptation considérable et constitue une transition nécessitant de grands changements dans le rapport entre l'individu et son environnement. Plusieurs auteurs la perçoivent de façon négative, y voyant une crise ou, tout au moins, un événement stressant, alors que d'autres nuancent leur opinions en expliquant le stress ressenti par une mauvaise adaptation à la retraite. Il est d'ailleurs intéressant de mentionner que ces opinions ont suivi un mouvement de balancier au cours des années :

> Recent research has indicated that attitudes toward retirement generally are favorable (Ash, 1966; Atchley, 1976 and 1977; Bixby, 1976; Feingold, 1971; Friedmann and Orbach, 1974; Heidbreder, 1972; Riley and Foner, 1968). This has not always been the case; some earlier studies found retirement attitudes to be negative (Crook and Heinstein, 1958; Streib and Orbach, 1967; Truckman and Lorge, 1953). Thus, in discussing retirement attitudes over the last three or four decades, Friedmann and Orbach suggested that a major shift in outlook has occurred among American workers. Retirement now has become an event normally anticipated by most older workers. (GOUDY et REGER, 1985, p. 37)

Afin de mesurer le stress généré par la retraite, les auteurs utilisent un questionnaire constitué d'une liste d'événements à ordonner selon le stress ressenti. Holmes et Rahe ont été les premiers à évaluer ce stress à l'aide de leur échelle, appelée *Holmes and Rahe Scale* (HOLMES et RAHE, 1967, p. 216). Relativement au stress provoqué, la retraite s'est classée 10e sur un total de 43 autres situations. Suite à ces résultats, d'autres auteurs se sont penchés sur la question. Parmi eux, nous retrouvons Amster et Krauss (*35-item Geriatric Social Readjustment Questionnaire*), Guttman (*34-item life-events scale based on Holmes and Masuda*) et Holmes et Masuda (*Social Readjustment Rating Questionnaire*) qui ont conçu leur propre échelle cherchant, cette fois-ci, à mesurer non seulement le stress généré, mais également le degré de satisfaction apportée par la retraite.

> Careful applications of such a scale may facilitate a clearer understanding of how retirement compares with other life events affecting the elderly in terms of importance as a possible stressor. (MINKLER, 1981, p. 120)

Contrairement aux résultats obtenus par Holmes et Rahe (1967), Martin-Matthews et al. (1982, p. 32) ont été surprises de constater que la retraite n'était pas un événement aussi stressant que prévu puisqu'elle se classait 28e parmi 34 évènements. La mise en garde d'Eisdorfer et Wilkie (1977) contre l'utilisation de telles échelles permet d'établir une distinction entre différents niveaux de stress. Ils en identifient trois, à savoir le stress anticipé, le stress actuel et le post-stress liés respectivement à un évènement éventuel, actuel ou passé. Minkler (1981, p. 120) nous rappelle que plusieurs facteurs peuvent influencer la capacité à gérer le stress causé par la retraite et selon elle, quatre de ces facteurs seraient prépondérants : l'interaction entre les multiples facettes du stress, la gestion et le contrôle du stress, les ressources individuelles et les circonstances dans lesquelles la retraite a été prise.

D'autres facteurs, d'ordre social, politique et économique, influencent la capacité de gestion du stress. Il n'en demeure pas moins que le facteur le plus important reste l'attitude d'une personne envers le travail et la retraite. Neugarten (1970), parmi tant d'autres auteurs, est d'avis qu'une retraite prise volontairement ne suscite pas le même niveau de stress que si elle est imposée. Un travailleur qui choisit de prendre sa retraite serait-il moins stressé que celui mis à la retraite à 65 ans ? On ne peut l'affirmer, mais la probabilité est élevée !

> Previous research has suggested that tempo and scheduling of life course in general, and retirement timing in particular, are shaped by multiple factors and alignment between them. (HAN and MOEN, 1999, p. 191)

L'EFFET DES CARACTERISTIQUES PERSONNELLES

Certains auteurs mentionnent l'importance d'étudier les caractéristiques individuelles des répondants dans leur adaptation à la retraite. Même Atchley insiste sur le manque de données justifiant les effets négatifs de la retraite sur la santé, la satisfaction, l'identité personnelle et la participation sociale (BRATHWAITE et GIBSON, 1987, p. 1). En fait, Brathwaite et Gibson (1987) disent que la connaissance de certaines caractéristiques personnelles permet de prévoir plus facilement les effets de la retraite sur une personne. Ils insistent sur le rôle primordial de l'économie politique et de la hiérarchie des nouveaux buts, besoins et valeurs devant être fixés par la personne nouvellement retraitée.

L'économie politique est une branche des sciences sociales qui se concentre sur l'étude des relations entre les institutions et leurs procédés politiques et économiques. En fait, l'économie politique cherche à analyser et à expliquer les politiques et les lois des différents gouvernements en ce qui concerne la distribution des ressources dans la société. Aussi, elle veut identifier les moyens pris par différents systèmes politiques ainsi que le comportement des principaux acteurs et leurs intérêts politiques susceptibles d'affecter la forme de gouvernement, de même que le type de lois et de politiques (http://www.auburn.edu/~johnspm/gloss/index.html?http://www.auburn.edu/~johnspm/gl

oss/entitlement_program.html). En fait, cette première théorie tient compte des ressources, distribuées de façon plus ou moins équitable par l'État, pour combler les besoins de base des citoyens.

Selon une seconde théorie découlant des recherches d'Atchley (1976) et de Rokeach (1973), chaque personne se donnerait des priorités face à l'atteinte du bonheur. D'après eux, ces priorités seraient dictées par des déterminants biologiques et environnementaux. Selon ce point de vue, la retraite sera passablement affectée par les capacités de chacun à y faire face et à l'appui qui peut venir du milieu.

Entre ces deux théories, Cribier (1981, p. 59-61) semble trouver un juste milieu. Elle explique que la satisfaction à l'endroit de la retraite est étroitement liée à la classe sociale de chacun, ce qui englobe l'origine sociale, l'éducation, l'occupation, le revenu et le réseau des relations sociales (capital humain). D'ailleurs, elle n'est pas seule à mentionner qu'à la retraite, la principale source d'insatisfaction est l'insuffisance des revenus. Le capital humain sera aussi une hypothèse à tester afin de voir s'il influence ou non la perception que les retraités ont de leur bien-être.

Brathwaite et Gibson (1987) disent également que le revenu affecte directement le bien-être des retraités, mais que la santé demeure la variable avec la plus forte corrélation, suivie de la préretraite anticipée. Ces trois facteurs sont extrêmement importants et souvent soulignés dans les textes consultés. De plus, l'adaptation à la retraite semble dépendre beaucoup de l'attachement et de l'implication au travail, du statut et du type de travail exercé et finalement des activités à la retraite. Dans l'article intitulé *Adjustment to Retirement: What We Know and What We need to Know*, Brathwaite et Gibson (1987) font un très bon résumé des facteurs influençant l'adaptation à la retraite.

DISTINCTION ENTRE LES FEMMES ET LES HOMMES

En plus des facteurs déjà mentionnés, nous avons relevé dans la documentation consultée des résultats contradictoires quant aux différences hommes-femmes face à la retraite. Alors que plusieurs études montrent que les femmes et les hommes ont une satisfaction de vie équivalente, Martin-Matthews et Brown (1987) font une étude longitudinale qui nous apprend que les hommes verraient leur satisfaction augmenter après 65 ans, alors que ce serait le contraire pour les femmes. Ces auteurs recensent **dix** variables pouvant influencer différemment le passage à la retraite des femmes et des hommes. Testée à l'aide de l'analyse des régressions multiples, la première variable est le nombre d'évènements stressants vécus. Certains auteurs, comme Elwell et Maltbie-Crannell (1981), prétendent qu'une personne ayant vécu plusieurs évènements stressants serait désensibilisée à la transition de la retraite, alors que d'autres, comme Martin-Matthews et al. (1982, p. 38), disent plutôt que le cumul desdits évènements n'aiderait en rien à adoucir ce passage.

La deuxième variable, l'attachement et le dévouement au travail, fait en sorte que la personne particulièrement attachée à son emploi trouverait difficile la transition à la retraite et plusieurs raisons expliquent cet attachement (le poste occupé apporte une grande satisfaction professionnelle, remplit un vide affectif, libère des tâches ménagères, fournit un réseau d'amis, apporte une reconnaissance par les pairs, etc.). Connidis (1982, p. 27) dit que les femmes mariées, ayant des occupations à la fois familiales et professionnelles, vivraient leur retraite moins difficilement que les hommes, justement grâce à leurs nombreuses occupations. Contrairement à Connidis, Martin-Matthews et Brown (1987) ont découvert que l'insatisfaction causée par la perte du travail lors de la retraite était légèrement plus grande chez les femmes puisqu'elles perdaient un exutoire permettant de se confier. Les huit autres variables sont plutôt ambiguës quant à la satisfaction des femmes et des hommes retraités. Nous retrouvons le statut matrimonial, l'attitude face à la retraite, la présence d'enfants, le changement d'activités sociales, le changement de relations sociales, la santé, le statut socio-économique et finalement les nouveaux projets. Lors de l'élaboration d'hypothèses, nous avons retenu deux de ces caractéristiques, soit le statut matrimonial en tant que facteur du capital social et la santé en tant que facteur de la mobilité.

Jusqu'à présent, nous avons souligné des hypothèses différenciant les retraités selon leur sexe, leur capital humain, leur capital social et le moment de la prise de la retraite, mais, presque nulle part, on ne mentionne l'effet des caractéristiques géographiques sur le bien-être des retraités. Dans les chapitres à venir, nous identifierons deux études intégrant l'environnement au bien-être des retraités et nous les utiliserons pour élaborer des hypothèses nous permettant d'étudier l'effet de l'environnement sur le bien-être des retraités en Outaouais.

3.4 LE BIEN-ETRE ET LA RETRAITE

Au cours des trois dernières décennies, l'engouement pour le bien-être s'est accru et nous avons voulu déterminer les éléments susceptibles d'influencer positivement le bien-être des retraités. La relation entre le bien-être et la retraite a longtemps intéressé les psychologues, autant d'un point de vue théorique qu'empirique. Plusieurs recherches, notamment celle d'Atchley, ont démontré que le mariage était associé à un bien-être positif, tout comme la bonne santé physique et le revenu. Pourtant, rares sont celles ayant étudié le rôle du milieu sur le bien-être des retraités. Nous présenterons les effets positif et négatif de la retraite, avant de nous attarder à quelques études empiriques sur ce sujet.

3.4.1 L'effet négatif de la retraite

D'une part, nous voyons que la retraite a un effet négatif sur le bien-être. Cet affirmation est basée sur la comparaison des rôles sociaux d'une personne retraitée et d'un travailleur (HENRY, 1971 et MILLER, 1965). Cette perte du rôle social fondé sur la production et la contribution à la société peut provoquer chez le retraité une diminution de son bien-être psychologique. À cela s'ajoute la possibilité que les temps libres soient ennuyants. En fait, la perception négative de la retraite s'appuie sur la perte temporaire de trois éléments : un rôle social, un statut identitaire et un réseau à l'intérieur du milieu de travail.

> The view of retirement as a social role or status has been operationalized through reference to the nonperformance of gainful work, or to acquisitions directly related to being unemployed over a period of time. (MINKLER, 1981, p. 119)

Cette absence de rôle socialement reconnu et associé à la retraite est relevée par Ellison (1968, p. 189-192). Il souligne d'ailleurs que certains cols bleus retraités avaient déjà opté pour un rôle dit de « malades » lorsqu'ils n'acceptaient pas de quitter leur travail. Ainsi, le retraité souffrant de maladie pouvait plus facilement accepter l'absence d'un rôle social et de responsabilités.

En fait, cette perception de l'effet négatif de la retraite sur le bien-être met l'accent sur l'abandon du milieu de travail et du réseau social, plutôt que de souligner le nouveau rôle social, lequel est souvent perçu comme ambivalent par la société. Autrefois, on aurait dit que la retraite marquait le commencement de l'absence de rôle prescrit par la société, les retraités devant créer leur propre rôle (ROSOW, 1974). Cette vision négative de la retraite a pu être véhiculée par les chefs de famille dont le travail était surtout physique. Les bouleversements mondiaux dont les baby-boomers ont été la première manifestation ont changé la vision du travail et de la retraite. Il faut donc évaluer avec prudence les aspects négatifs associés à la retraite. En effet, avec une espérance de vie plus longue et de meilleurs moyens financiers, plusieurs travailleurs meurent d'envie d'être à la retraite pour en profiter pleinement.

3.4.2 L'effet positif de la retraite

D'autre part, la retraite affecte positivement le bien-être et cet effet positif dépend étroitement de la valorisation qui lui est accordée (Atchley, 1971 et 1993). Aussi, Nadler et al. (1997) soulignent que l'événement de la retraite, mettant fin au rôle social du travailleur, marque l'accomplissement d'une contribution à la société pour une bonne partie de sa vie. Créant lui-même son nouveau rôle social, le retraité, en s'acclimatant à son nouveau style de vie, se taillera une place sur mesure lui permettant de pleinement s'accomplir, d'être heureux et valorisé. D'ailleurs, Macbride (1976) de même que Martin-Matthews et Brown (1987) disent que l'ajustement à la retraite ne perturberait que très peu le bien-être et la satisfaction des retraités.

> The traditional view has been that retirement is a quite stressful transition causing considerable disruption in people's lives and frequently leading to serious maladjustment or decreased life satisfaction. Such a view is no longer in keeping with the empirical reality that retirement has now become an event normally anticipated by most older workers (Friedman and Orbach, 1974; Goudy and al., 1980). This crisis perspective on

retirement has repeatedly been challenged (Bell, 1975, 1978-79; Atchley, 1976) and there is ample empirical evidence that most people do quite well physically, mentally, and socially after retirement. (MACBRIDGE, 1976, p. 554 et MARTIN-MATTHEWS and BROWN, 1987, p. 548-549)

Bref, selon ces auteurs (Martin-Matthews et Brown), la retraite serait donc une nouvelle étape de vie (et non une crise) où on fait ce qu'on veut et ce qu'on aime le plus ! Le départ à la retraite amène une modification complète de l'organisation, des conditions et du style de vie des personnes concernées (BUREAU INTERNATIONAL DU TRAVAIL, 1984, p. 55). Ainsi, la réorganisation du style de vie ne serait pas seulement influencée par la retraite, mais aussi par la classe sociale (capital humain), les caractéristiques personnelles et qui sait, peut-être par l'environnement.

3.4.3 Quelques études empiriques

Les travaux empiriques des psychologues sur l'effet de la retraite suivent deux courants. Certains comparent les retraités aux non-retraités sur un laps de temps fixe, alors que d'autres font une étude longitudinale permettant de suivre les retraités au fil du temps. La plupart de ces travaux identifient négativement l'association entre la retraite et le bien-être. Par exemple, Bossé et al. (1987) croient que les retraités sont moins satisfaits de leur bien-être que les travailleurs. Portnoi (1983) trouve que la retraite est associée à la dépression et Seiden (1981) provoque en affirmant que la retraite peut être associée aux suicides du troisième âge, indiquant clairement l'inaccessibilité d'un bien-être satisfaisant. « Enfin, à l'aide de certains modèles de croisements, Kutner et al. (1956), Atchley et Robinson (1982), de Grace, Joshi et al. (1994) et plusieurs autres sont d'avis que la retraite serait associée à un bien-être plus faible » (CHARLES, 1999, p. 4).

On retrouve peu d'études démontrant l'impact positif de la retraite sur le bien-être. Midanik et al. (1995) ont étudié, à l'aide de deux enquêtes, une population d'environ 600 aînés dans le nord de la Californie. Ils ont découvert que les personnes à la retraite étaient moins stressées que les non-retraités, qu'ils faisaient davantage d'exercice et qu'ils étaient moins portés à se déclarer dépressifs. Nous avons vu que la retraite pouvait être perçue comme un événement peu stressant, 28e sur 34 selon Martin-Matthews et al. (1982), comparativement à 10e sur 43 selon Holmes et Rahe (1967).

Jackson, Chatters et Taylor (1993) soutiennent que la retraite est vécue comme une amélioration du bien-être chez les Noirs des États-Unis. Quant à Crowley (1985), il affirme que la retraite ne semble pas affecter le bien-être, alors que d'autres ont trouvé des résultats non concluants (Palmore, Fillenbaum et George, 1984). Nous verrons d'ailleurs d'autres études sur la retraite et le bien-être dans le chapitre consacré au cadre conceptuel où nous accorderons une attention particulière aux rares études examinant le rôle du milieu dans l'évaluation du bien-être des retraités.

Nous terminons en rappelant que l'effet négatif de la retraite sur le bien-être est associé à une mauvaise adaptation à ladite retraite et à la perte du rôle social, d'une identité et d'un réseau de travail. D'ailleurs, parmi les études empiriques mesurant l'effet de la retraite sur le bien-être, les résultats obtenus ont une forte tendance négative. Les recherches sur ce sujet devraient tenir davantage compte du rôle des caractéristiques personnelles, de la classe sociale (capital humain) et du milieu, plutôt que d'utiliser la retraite comme variable unique agissant sur le bien-être.

3.5 CONCLUSION

En conclusion, on peut rappeler que la retraite n'est plus synonyme de vieillesse et qu'un retraité ne doit plus être étiqueté comme une personne âgée. La fin précoce de la vie professionnelle et l'apparition de plus en plus tardive de handicaps font en sorte que le décalage grandit entre le vieillissement professionnel, le vieillissement biologique et le vieillissement social (GAULLIER, 1997, p. 66). Il appartient donc à chacun, faute de modèle, de façonner sa retraite, en se basant sur ses propres valeurs et aspirations, afin d'atteindre un nouveau bien-être.

De plus, on définit la retraite selon différents points de vue qui varient selon les auteurs, leurs buts et le type de données utilisées. Vue comme une transition débutant bien avant la cessation d'emploi et se terminant longtemps après, on la présente comme un événement continu s'inscrivant dans le temps. Cette transition demande une adaptation à un cadre de vie qui n'est imposé ni par des obligations, ni par des activités professionnelles contraignantes. Dès lors, la retraite n'est ni associée à un temps ou à un âge spécifique, ni vécue de façon uniforme par tous. En ce sens, Atchley et ceux qui s'en sont inspirés mentionnent les sept phases de la retraite, pouvant être vécues ou non, partiellement ou en entier, par les retraités. Il s'agit d'un type idéal de retraite servant à mieux comprendre ce passage du cycle de vie productif au cycle de vie d'inactivité.

> Certains refusent même d'envisager la retraite et se consacrent entièrement à leur travail jusqu'à la dernière minute. Pour quelques retraités, la lune de miel n'a pas de fin, et ils voyagent allègrement de par le monde durant les vingt années suivantes. D'autres passent toute leur retraite dans un état de dépression et de désillusion. (ZAY, BLOSSOM et RIVARD, 1987, p. 52)

La retraite peut au contraire être considérée comme une crise ou comme un événement stressant demandant une adaptation difficile. L'adaptation à la retraite dépend des caractéristiques personnelles, de la classe sociale ou de certains facteurs comme les déterminants biologiques et environnementaux. Quelques études démontrent que l'adaptation à la retraite modifie faiblement le bien-être, alors que d'autres disent que cette adaptation est difficile et a un impact négatif. Ainsi, certaines recherches ont démontré que les hommes et les femmes réagissaient différemment à la retraite, alors que d'autres disaient que le bien-être était le même, peu importe le sexe. Non seulement les recherches empiriques donnent-elles des résultats ambivalents, mais elles augmentent la difficulté de déterminer l'effet de la retraite sur le bien-être. Pourtant, malgré les différentes opinions sur le sujet, la majorité des recherches semblent d'accord pour dire que deux facteurs influencent l'adaptation à la retraite : le capital humain et le choix volontaire et non obligatoire de la retraite (ATCHLEY, 1982-b, p. 130).

La retraite bouleverse le rôle social des personnes qui doivent désormais se tailler leur propre rôle en se fixant de nouveaux buts et de nouvelles aspirations. Ce nouveau rôle social est choisi en fonction du capital humain, des caractéristiques personnelles et du capital social et s'inscrit dans un milieu de vie souvent mal défini. Nous observons une lacune dans les textes consultés au sujet du lien entre la retraite et le milieu de vie. Non seulement l'environnement d'une personne retraitée change-t-il vu l'absence d'un milieu de travail, mais il change aussi puisque le logement devient le principal milieu de vie. Cette perspective n'est que trop peu développée et nous tenterons de combler ce manque en nous concentrant à la fois sur les caractéristiques de la région de l'Outaouais et de sa population, tout en étudiant l'effet du milieu et de la mobilité sur le bien-être des retraités.

CHAPITRE 4

REGION D'ETUDE ET POPULATION

Il s'avère utile de décrire le contexte géographique de l'Outaouais québécois afin de connaître, non seulement le milieu de vie des retraités, mais aussi les ressources et les possibilités qui leur sont offertes dans la région. L'historique de l'Outaouais nous permettra d'approfondir nos connaissances sur son développement et d'établir des liens avec la perception que les personnes ont de la retraite. Nous soulignerons les caractéristiques démarquant la région de la province, tout en faisant ressortir certains contrastes. La description d'une région serait incomplète si nous ne parlions pas de sa population. Nous décrirons donc les populations de l'Outaouais habitant deux types de milieu très contrastés, soit le centre et la périphérie. Par son économie à deux pôles, où les emplois tertiaires et quaternaires du centre côtoient les emplois primaires et secondaires de la périphérie, l'Outaouais offre un cadre de vie susceptible d'influencer le bien-être des personnes âgées (services et ressources) de même que leur perception de la retraite. Il faut souligner que les données étudiées datent essentiellement de 1996, les données socio-économiques du recensement de 2001 n'étant pas encore disponibles.

4.1 HISTORIQUE DE LA REGION

Bordé par l'Abitibi-Témiscamingue au nord-ouest, par les Laurentides à l'est et séparé de l'Ontario par la rivière des Outaouais au sud, l'Outaouais se trouve à l'extrême sud-ouest du Québec (Figure 3).

Figure 3 : Région de l'Outaouais

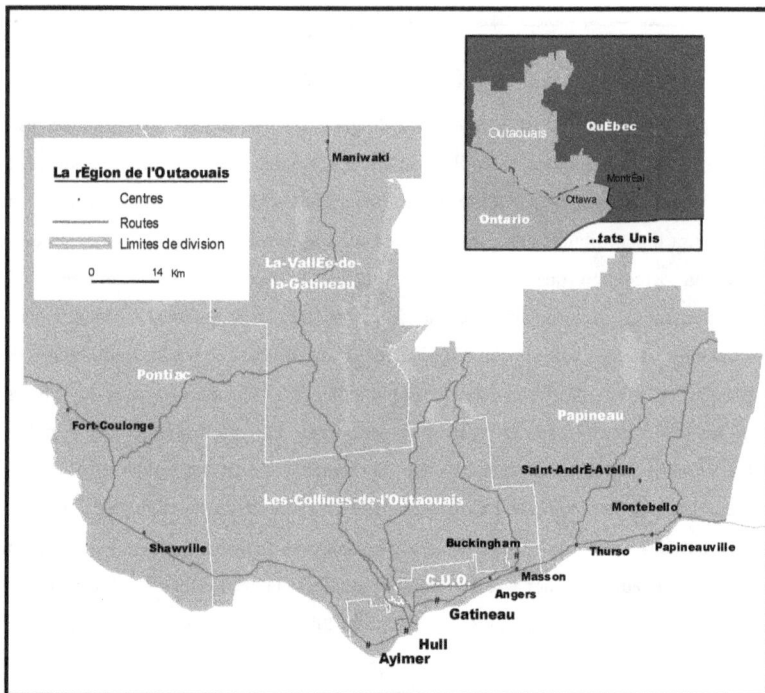

L'Outaouais couvre une superficie de 32 951 kilomètres carrés et comprend une zone **urbaine** en la nouvelle ville de Gatineau[7], territoire géré auparavant par la Communauté urbaine de l'Outaouais (CUO), une zone **périurbaine** (correspondant plus ou moins à la MRC des Collines-de-l'Outaouais qui ceinture la CUO) et une zone **périphérique** (comprenant trois municipalités régionales de comté : la MRC de Pontiac, à l'ouest, la MRC Vallée-de-la-Gatineau au nord et la MRC de Papineau, à l'est). Gatineau est la cinquième ville du Québec, après Montréal, Québec, Longueuil et Laval et compte quelque 225 345 habitants.

---

[7] Depuis le 1er janvier 2002, Aylmer, Buckingham, Gatineau, Hull et Masson-Angers se sont fusionnées en une seule ville nommée Gatineau.

La colonisation et le peuplement agricole de l'Outaouais ont atteint leur apogée entre 1891 et 1911. Dans les années 30, la majorité de la population de l'Outaouais vivait toujours à la campagne, mais elle ne connaîtra plus de mouvement de colonisation à partir de cette époque. En 50 ans, soit de 1891 à 1941, la population de Hull est passée de 15 748 à 41 343 habitants, alors que celle du Pontiac a diminué de 20 381 à 19 852 habitants. Après 1940, de grands bouleversements sont survenus, suite à la transformation profonde de l'agriculture, à l'exploitation forestière qui ont conduit à l'accélération de l'exode rural. Les municipalités qui se sont le plus développées l'ont fait grâce à l'arrivée de grandes industries (par exemple, l'industrie forestière) et leurs populations se sont établies autour d'usines à vocation unique comme les papeteries. Ces municipalités se concentrent au sud, le long de la rivière des Outaouais, entre Aylmer et Thurso.

Comme partout ailleurs, l'accroissement de la population autour des lieux de travail a donné naissance aux agglomérations urbaines où les institutions se sont multipliées. Par ailleurs, la proximité d'Ottawa est restée un facteur important de l'évolution socioculturelle de la région. Marquées par une diversité ethnique, culturelle et linguistique, les deux rives de la vallée de l'Outaouais se sont développées en étroite relation. Les multiples institutions administratives, politiques et religieuses ont contribué à projeter l'image d'une région complexe et diversifiée. Par contre, dans le domaine de l'aide sociale et de l'éducation, la mise en place d'institutions indépendantes de celles d'Ottawa s'est faite très lentement. De plus, la construction des ponts unissant le Québec à l'Ontario (Chaudières, Alexandra et Champlain), suite au feu de 1900, témoigne des relations croissantes entre les deux rives et de l'augmentation rapide de la circulation automobile. Le chemin de fer et de nouvelles routes ont facilité les échanges à l'intérieur et à l'extérieur de la région et permis à l'Outaouais d'occuper une place stratégique, non seulement à l'échelle de la province, mais également dans la géographie économique canadienne (GAFFIELD, 1994, p. 256).

Dans les années 70, l'économie primaire et secondaire de l'Outaouais s'est diversifiée en économie tertiaire, avec la construction, au centre-ville de Hull, de bureaux du gouvernement fédéral. Majoritairement composée d'ouvriers travaillant dans les usines, la population de l'Outaouais s'est alors progressivement transformée avec l'arrivée de la fonction publique fédérale. En plus de modifier radicalement le paysage, les quatre phases de l'implantation de ministères fédéraux à Hull ont changé la structure de la population en incitant des gens de l'extérieur à s'installer dans la région. Aujourd'hui, la majorité des personnes de plus de 55 ans ont travaillé dans l'industrie du bois ou comme fonctionnaires. Nous croyons que cela aura peut-être un impact sur la vision qu'ils ont de la retraite.

4.2 LES SPECIFICITES DE L'OUTAOUAIS PAR RAPPORT AU QUEBEC

Ce bref historique de l'Outaouais nous a permis d'identifier la présence d'une économie à deux pôles, susceptible de jouer un rôle sur la perception de la retraite. Cette économie a suscité le développement d'agglomérations rurales, par l'exploitation forestière de la périphérie, et de centres plus urbains, par les industries et la fonction publique. Le développement de l'Outaouais est bien particulier et se démarque des autres régions du Québec par son dynamisme démographique, la jeunesse de sa population et son économie particulièrement favorisée par la présence du gouvernement fédéral.

4.2.1 Dynamisme démographique

En observant le tableau suivant, nous voyons bien que les dynamismes démographiques de l'Outaouais et de la CUO sont nettement plus élevés que celui du Québec dont le taux de croissance de la population est de 3,5 % (Tableau 1). D'ailleurs, l'Institut de la statistique du Québec souligne que la variation de la population de l'Outaouais, entre 1996 et 2002, se situe au quatrième rang des régions administratives avec 4,4 %, précédée de Lanaudière (5,6 %), Laval (6,8 %) et des Laurentides avec 9,9 %.

Tableau 1 : Portrait démographique du Québec, de l'Outaouais et de la CUO

Caractéristiques de la population	Québec	Outaouais	CUO
Population en 1991	6 895 963	283 730	201 536
Population en 1996	7 138 795	307 441	217 609
Taux de croissance (%)	**3,5**	**8,3**	**8,0**

Source: STATISTIQUE CANADA (AVRIL 1997) *Un aperçu national recensement 1996, Chiffres de population et des logements,* Catalogue 93-357-XPB.

4.2.2 Jeunesse de la population

Puisqu'elle se renouvelle et croît par son dynamisme démographique, on peut se demander si la population de l'Outaouais est relativement plus jeune que celle du reste du Québec. Pour répondre à cette question, nous vérifierons, en comparant les deux populations, si le portrait démographique de la région est à l'image de celui de la province ou s'il s'en différencie. Le tableau 2 montre que la population âgée de moins de 14 ans est légèrement supérieure en Outaouais (21,4 %) par rapport au Québec (19,2 %). C'est également vrai pour le groupe des 15-54 ans. Si on regarde les pourcentages des personnes âgées de plus de 55 ans, on s'aperçoit que ce segment de la population de l'Outaouais est beaucoup moins nombreux (17,1 %) que dans l'ensemble du Québec (21,2 %).

Tableau 2 : Répartition, par groupe d'âge, de la population du Québec et de l'Outaouais (1996)

Groupes d'âge	Québec		Outaouais	
	Population	%	Population	%
0 - 14 ans	1 372 190	19,2	65 745	21,4
15 - 54 ans	4 255 000	59,6	189 010	61,5
55 - 64 ans	650 905	9,1	24 855	8,1
65 - 74	519 675	7,3	17 875	5,8
75 ans et +	341 025	4,8	9 955	3,2

Source : http://www12.statcan.ca/english/Profil/Details

Nous pouvons affirmer que la population de l'Outaouais est plus jeune que la population québécoise dans son ensemble. En effectuant une comparaison plus fine, soit en comparant l'Outaouais à certaines régions administratives et aux agglomérations, nous remarquons d'autres tendances. L'Outaouais a un faible pourcentage de personnes âgées de plus de 55 ans, tout comme Laval et la Montérégie. Langlois (2000, p. 5) remarque une opposition où la population du nord-ouest du Québec est plus jeune que dans le sud-est. Cette différence peut s'expliquer par l'économie basée sur l'exploitation des ressources et par une colonisation tardive dans le nord-ouest. Ainsi, les régions-ressources du Québec ont un pourcentage de personnes âgées relativement plus faible que les régions-centres où on offre davantage de services, ces derniers favorisant un pourcentage plus élevé de personnes âgées. L'Outaouais se distingue des régions administratives mais aussi des grandes agglomérations. Langlois (2000, p. 7) compare les pourcentages des personnes âgées de 55 à 64 ans des grandes agglomérations, telles que Chicoutimi-Jonquière (19,7 %), Montréal (21,2 %), Québec (20,5 %), Saint-Jean-sur-le-Richelieu (20,2 %), Sherbrooke (20,5 %) et Trois-Rivières (22,9 %), et constate que l'Outaouais est plus jeune avec un pourcentage de 15,2 % de personnes âgées de 55 à 64 ans. D'ailleurs, le pourcentage des personnes âgées de 65 ans et plus est également plus faible avec 7,9 % comparativement aux autres agglomérations (11 % pour cette tranche d'âge) (LANGLOIS, 2000).

Nous constatons que l'Outaouais a une population plutôt jeune et que sa population âgée représente une plus petite proportion qu'ailleurs au Québec. Pourtant, les projections sur trente ans de Langlois (2000, p. 14), présentées au tableau suivant, montrent que cette situation est appelée à changer.

Tableau 3 : Projections de 1996 à 2026 de la population au Québec et en Outaouais

Groupes d'âge	Québec		Outaouais	
	1996	2026	1996	2026
0 - 14 ans	19 %	13,9 %	21,1 %	14,4 %
15 - 64 ans	69 %	61,3 %	69,9 %	62,6 %
65 ans et +	12 %	24,8 %	9 %	23,3 %

Source : LANGLOIS, André (2000) *La présence des personnes âgées en Outaouais, 1996 : Portrait statistique et analyse*, p. 14.

Selon ces projections, l'écart de 3 % séparant la population des 65 ans et plus du Québec (12 %) de celle de l'Outaouais (9 %), en 1996, s'amenuisera au cours des trente prochaines années pour atteindre pratiquement le même pourcentage, soit 24,8 % au Québec et 23,3 % en Outaouais. En fait, si le nombre de personnes âgées augmente dans l'ensemble de la population du Québec, toutes régions confondues, il serait souhaitable de planifier des changements dans les services offerts à la population ou dans l'installation d'équipements particuliers. Mais on ne doit pas oublier que l'importance des personnes âgées selon les régions montre l'effet de certains facteurs comme le type d'économie régionale, la mobilité de la main d'œuvre, l'ancienneté de la colonisation et les migrations des jeunes célibataires qui peuvent relativiser cette présence. Ces facteurs auraient donc une influence à l'intérieur même du territoire de l'Outaouais où les zones centrales se différencient des zones périphériques.

4.2.3 Une région favorisée économiquement

L'Outaouais croît plus vite et est plus jeune que le reste du Québec. Qu'en est-il de son niveau de vie ? Nous allons le vérifier en comparant les revenus moyens par groupe d'âge. Le tableau 4 peut être analysé en deux temps : les revenus moyens des personnes âgées de 15 à 54 ans et ceux des personnes âgées de plus de 55 ans. Le revenu moyen des personnes âgées de 15 à 54 ans est nettement supérieur au revenu d'un Québécois et même à celui d'un Canadien !

Tableau 4 : Revenus moyens, par région et par groupe d'âge (1996)

Régions	15 - 54 ans	55 - 64 ans	65 - 74 ans	75 ans et plus	Revenu moyen
Canada	25 828 $	**27 281 $**	**21 704 $**	**19 892 $**	**25 240 $**
Québec	24 069 $	24 125 $	19 233 $	17 618 $	23 265 $
Outaouais	**26 050 $**	23 756 $	19 187 $	17 107 $	24 927 $

Source : www.statcan.ca/français/profil/

Pourtant, cette différence, avantageant l'Outaouais, s'amenuise considérablement dans la catégorie des 55 ans et plus, désormais relayée au dernier rang après le Canada et le Québec. Peut-être pourrait-on expliquer cette situation par le fait que ces personnes (55 ans et plus) seraient un peu moins scolarisés et un moins fortunés que les nouveaux travailleurs. Pour ce qui est du revenu moyen, toutes catégories confondues, en Outaouais, il est supérieur au revenu moyen québécois et talonne le revenu moyen canadien de très près. On peut donc dire que les travailleurs de l'Outaouais gagnent en moyenne davantage jusqu'à l'âge de 54 ans mais que leur revenu moyen décline en vieillissant. Cette constatation nous semble pertinente à la présente recherche car nous avons noté précédemment (à la section 3.3.2) qu'une personne bien nantie avait davantage de possibilités de s'adapter à la retraite qu'une personne plus pauvre (CRIBIER (1981), BRATHWAITE et GIBSON (1987)). De plus, on constate que les personnes les plus pauvres sont les femmes (tableau no 5).

Tableau 5 : Revenus des familles économiques en $ constants de 2000, selon le recensement de 2001

	1996	1997	1998	1999	2000
Familles économiques, + de 2 personnes	53 640	55 248	57 913	59 000	61 634
Familles de personnes âgées	24 333	24 322	25 119	26 798	27 423
Personnes seules	20 329	20 409	21 316	22 630	23 252
Hommes âgés	13 885	14 326	14 497	13 913	13 044
Hommes ne gagnant aucun revenu	10 950	11 228	10 719	11 346	10 186
Hommes gagnant un revenu	35 363	31 388	36 445	29 189	26 688
Femmes âgées	9 603	9 549	8 858	9 092	9 790
Femmes ne gagnant aucun revenu	8 649	8 579	8 057	8 221	8 700
Femmes gagnant un revenu	27 954	21 549	18 965	21 357	23 367

Source : http://www.statcan.ca/francais/Pgdb/famil22a_f.htm

En consultant les données du recensement de 1996 et de 2001, nous avons remarqué une tendance à l'augmentation du nombre de femmes seules chez les plus de 65 ans. Disposant souvent d'un revenu plus faible que les hommes seuls (pour plus du tiers des femmes seules, il représente moins de 60 % du salaire des hommes), leur statut socio-économique est largement inférieur à celui des hommes de la même catégorie d'âge. Cela s'explique, entre autres, par un niveau de scolarité plus faible et leur situation est donc précaire.

Nous concluons en disant que l'Outaouais est grandement favorisé démographiquement avec une population plus jeune et un taux de croissance nettement supérieur au reste du Québec. Pourtant, bien qu'elle soit plus riche en général, la population des plus de 55 ans est plus pauvre en Outaouais qu'ailleurs au Canada. Les femmes sont les plus affectées. Cette disparité de revenus pourrait influencer l'idée que ces dernières se font de la retraite. Il sera donc intéressant d'évaluer le bien-être des répondants selon leur sexe.

4.3 LES DISPARITES INTERNES DE L'OUTAOUAIS

À la lumière des précédentes constatations, il serait intéressant d'étudier l'Outaouais plus à fond afin de voir si la région et sa population ont été influencées par l'économie à deux pôles. Les deux types d'économies qu'on retrouve en Outaouais de même que le développement urbain en découlant ont créé un clivage important au sein même de la population en différenciant les municipalités régionales de comté plus centrales (CUO et MRC des Collines-de-l'Outaouais) des trois autres municipalités périphériques (Vallée-de-la-Gatineau, Papineau et Pontiac). Ces disparités, tant démographiques qu'économiques, pourraient affecter l'adaptation d'une personne à la retraite et c'est ce que nous tenterons de vérifier.

4.3.1 Le dynamisme démographique

La croissance de la population de chacune des MRC en Outaouais présente de nettes différences entre 1971 et 2001 (tableau 6). Nous remarquons que la CUO (57,85 %) et les Collines-de-l'Outaouais (129,72 %) ont une croissance positive alors que les trois autres MRC enregistrent des croissances faibles, voire négative dans le cas du Pontiac.

Tableau 6 : Taux de croissance (en %) des MRC de l'Outaouais de 1971 à 2001

Années	CUO	Collines-de-l'Outaouais	Vallée-de-la-Gatineau	Papineau	Pontiac
1971-1976	16,44	26,03	-6,80	-0,41	-1,00
1976-1981	-1,24	7,07	5,50	2,87	-6,19
1981-1986	7,29	8,07	-1,21	2,40	-4,29
1986-1991	15,53	23,86	-0,08	6,04	2,27
1991-1996	7,12	15,91	5,76	3,74	2,47
1996-2001	3,36	9,70	0,57	1,98	-3,84
1971-2001	57,85	129,72	3,23	17,70	-10,43

Source : http://www.stat.gouv.qc.ca/donstat/societe/demographie/dons_regnl/regional/207.htm

En observant ces taux de croissance par tranche de cinq ans, il est frappant de constater que les taux de la MRC des Collines-de-l'Outaouais sont toujours positifs et supérieurs à ceux de la CUO, laquelle a même connu un taux négatif de -1,24 % au cours de la période 1976-1981. Nous voyons donc une nette différence entre le centre et la périphérie au niveau du taux de croissance de la population où le centre est nettement plus avantagé. Mais le dynamisme démographique de celui-ci signifie-t-il qu'il est plus jeune ?

4.3.2 La jeunesse de la population de l'Outaouais

Étant donné que la CUO et les Collines-de-l'Outaouais ont les meilleurs taux de croissance des cinq MRC, il serait intéressant de consulter la distribution de la population selon l'âge. En examinant le groupe d'âge des 15-54 ans du tableau no 7, nous constatons que ces deux municipalités régionales de comté (MRC) ont toutes deux des pourcentages plus élevés (81,2 %) que les MRC de la périphérie où les pourcentages ne dépassent pas les 71 %.

Tableau 7 : Répartition de la population des cinq MRC de l'Outaouais, selon l'âge (1996)

Groupes d'âge	C.U.O.		Collines-de-l'Outaouais		Vallée-de-la-Gatineau		Papineau		Pontiac	
	Population	%	Population	%	Population	%	Population	%	Population	%
15 - 54 ans	136 676	81,2	20 765	81,2	11 361	70,4	10 785	66,5	8 376	69,2
55 - 64 ans	15 877	9,4	2 595	10,1	2 240	13,9	2 491	15,4	1 560	12,9
65 - 74 ans	11 036	6,6	1 515	5,9	1 665	10,3	1 940	12,0	1 385	11,5
75 ans et plus	4 812	2,9	695	2,7	875	5,4	1 001	6,2	775	6,4
Total	168 401	100,0	25 570	100,0	16 141	100,0	16 217	100,0	12 096	100,0

Source : www.statcan.ca/français/profil/

On constate aussi que les pourcentages des personnes âgées de 55 ans et plus sont plus élevés dans les MRC périphériques (Vallée-de-la-Gatineau, Papineau et Pontiac). Ce phénomène peut s'expliquer par les migrations des jeunes populations vers les centres urbains pour leurs études, sans compter que les infrastructures régionales du centre offrent une abondance de services de santé, sociaux, culturels et récréatifs

4.3.3 La dualité de l'économie de l'Outaouais

Les disparités centre-périphérie de l'Outaouais s'expriment, non seulement par le dynamisme inégal et la jeunesse de sa population, mais également par les différences de revenus. Comme on peut le voir au tableau 4, l'Outaouais affiche, pour les trois groupes d'âge de 55 ans et plus, un revenu moyen inférieur aux revenus moyens au Québec et au Canada. Il importe cependant de souligner que les populations âgées présentent un profil de revenu différent selon le type de milieu (centre-périphérie). Ceci reflète la différence du type d'emploi exercé dans chacun de ces milieux : industriel et de services au centre, davantage relié à l'extraction des ressources en périphérie.

Les revenus des personnes habitant les territoires de la CUO et de la MRC des Collines-de-l'Outaouais sont nettement supérieurs, toutes catégories d'âge confondues, à ceux des trois autres municipalités périphériques (tableau 8).

Tableau 8 : Revenus moyens (en $) par municipalité régionale de l'Outaouais et par groupe d'âge

Municipalités régionales	15 - 54 ans	55 - 64 ans	65 - 74 ans	75 ans et plus	Moyenne
C.U.O	27 036	**25 592**	**20 393**	**18 611**	22 908
Collines-de-l'Outaouais	**29 038**	24 646	19 341	16 433	**22 346**
Vallée-de-la-Gatineau	18 745	17 666	15 968	14 045	16 606
Papineau	20 143	20 647	16 555	15 578	18 230
Pontiac	19 497	16 983	16 978	13 871	16 832

Source : www.statcan.ca/français/profil/

Moins nombreuse et disposant de revenus moindres, la population de la périphérie demande moins de services publics que celle du centre. Par conséquent, leurs MRC disposent de moins d'équipements, à l'exception de quelques centres de services, qui, dans leurs zones respectives, jouent un rôle de pôle secondaire, comme Maniwaki dans la Vallée-de-la-Gatineau. Le développement des MRC de la périphérie, historiquement lié à l'exploitation des ressources forestières et agricoles, ne s'est pas été fait en fonction d'un réseau de routes efficaces pour encourager les déplacements. Assez mal reliées à la zone centrale, à l'exception des villes et des villages situés sur l'axe de la route 148 ou de la 307, ces municipalités régionales de comté sont relativement peu intégrées entre elles. En fait, l'économie primaire et l'isolement du milieu périphérique seraient responsables de la grande différence entre les revenus du centre et ceux de la périphérie.

4.3.4 Milieu et appartenance

Non seulement l'économie diffère, mais aussi le mode de vie. Les municipalités périphériques, plus petites et plus fermées puisque mal intégrées au centre, favoriseraient davantage le sentiment d'appartenance que les grandes villes de la région. Celui-ci serait passablement développé dans la Petite-Nation, ainsi que dans le Pontiac où la population anglophone jouit d'une large gamme d'institutions qui favorisent l'identité et

54

l'appartenance. S'inscrivant dans la problématique discutée au prochain chapitre, l'effet du capital social des retraités sur leur bien-être sera mesuré, tout comme l'effet de l'environnement. Peut-être que l'effet du milieu sur le bien-être des retraités en Outaouais permettra de souligner les disparités internes qui caractérisent le dynamisme démographique, la jeunesse de la population du centre et l'économie.

4.4 PROFIL DES COMPOSANTES DES MILIEUX DE L'OUTAOUAIS

Nous avons vu que les municipalités régionales de comté se distinguent selon qu'elles sont situées au centre ou en périphérie. Maintenant, il serait intéressant de connaître les caractéristiques de leurs populations respectives en étudiant deux types de caractéristiques. Dans un premier temps, nous observerons les taux de croissance et les pourcentages de personnes âgées de plus de 55 ans pour les villes de la région qui ont été retenues aux fins de notre enquête. Puis, nous examinerons quelques-unes de leurs caractéristiques socio-économiques pour faire ressortir en quoi celles du centre et de la périphérie se distinguent.

4.4.1 *Caractéristiques de la population des villes centrales*

En 1996, la nouvelle ville de Gatineau n'existait pas encore. Depuis le 1er janvier 2002, elle regroupe trois municipalités de plus de 25 000 habitants (Gatineau, Hull et Aylmer) et deux autres villes de la CUO (Buckingham et Masson-Angers) comptant respectivement 11 678 et 7 989 habitants. Depuis 1991, toutes ont connu une croissance de leur population et en particulier Buckingham et Masson Angers, localisées dans la périphérie.

L'examen du tableau 9 permet de voir que, entre 1991 et 1996, c'est Masson Angers qui a connu le taux de croissance démographique le plus élevé en Outaouais, soit 38,9 %. En fait, elle est la 9e sur 50 villes du Québec à avoir connu une augmentation aussi grande.

Ce tableau montre aussi que Gatineau et Aylmer ont connu une augmentation de population plus grande que Hull. Cette situation s'explique par le fait que Hull a connu un développement plus faible de nouveaux espaces résidentiels étant donné que son territoire est presque entièrement construit et qu'il est limité de toutes parts.

Tableau 9 : Portrait démographique des cinq villes de la CUO, 1991-1996

Caractéristiques de la population	Gatineau	Hull	Aylmer	Buckingham	Masson-Angers
Population en 1996	100 702	62 339	34 901	11 678	7 989
Population en 1991	92 284	60 070	32 244	10 548	6 753
Taux de croissance (%)	9,1	2,7	8,2	10,7	38,9
Population des 55 à 65 ans (1996)	7 110	5 150	2 365	810	445
% de la population totale	7,1	8,26	6,78	6,9	5,57
Population des 65 à 74 ans (1996)	4 040	4 600	1 560	765	305
% de la population totale	3,8	7,4	4,5	6,6	3,8

Source: INSTITUT DE LA STATISTIQUE DU QUÉBEC (MAI 1999) *Recensement de la population 1996-1991-1986, Outaouais,* Cahier 2.

Les cinq villes de la CUO comptent ensemble 27 150 personnes âgées entre 55 et 75 ans; plus de 58,5 % d'entre elles appartiennent à la catégorie des 55-65 ans. Nous voyons des variations importantes du pourcentage des personnes âgées au sein des cinq villes. À Hull, les 55-64 ans et les 65-74 ans représentent respectivement 8,3 % et 7,4 % de la population alors qu'à Masson-Angers, ceux-ci représentent 5,6 % et 3,8 % de la population. Hull a donc le plus haut pourcentage de personnes âgées entre 55 et 74 ans ; elle est suivie par Buckingham, Aylmer, Gatineau et Masson-Angers. En fait, ces personnes âgées représentent, dans toutes les villes de la CUO, un pourcentage nettement inférieur à celui qu'on trouve dans l'Outaouais et même au niveau du Québec. Donc, les villes connaissant la croissance la plus rapide ont aussi les populations les plus jeunes.

Les villes de la CUO présentent aussi un profil très varié au plan socio-économique. Les quelques données qui suivent illustrent notamment la situation précaire des populations des municipalités les plus à l'est, comparativement à celles du centre (Hull) et de l'ouest (Aylmer) de la zone métropolitaine (tableau 10). De plus, la diversité ethnolinguistique contribue à différencier fortement Aylmer, plus anglophone que Hull. Ces différences ne seront pas sans influencer le profil, les besoins et les aspirations des personnes âgées des cinq villes en question.

Tableau 10 : Portrait socio-économique des cinq villes de la CUO

Caractéristiques	Gatineau	Hull	Aylmer	Buckingham	Masson-Angers
Moins d'une 9e année (%)	13,3	15,9	8,2	**16,5**	13,5
Études universitaires (diplôme en %)	11,6	**20,7**	19,9	8,7	7,8
Gestion (%)	8,3	8,3	**11,3**	7,7	6
Sci.sociales, ens., admin.publique	6,2	**10,9**	10,4	7,1	4
Métiers, transport et machinerie (%)	13,2	8,1	8,8	11,6	**19**
Revenu moyen ($)	25 977	25 177	**29 652**	24 617	24 777

Source: INSTITUT DE LA STATISTIQUE DU QUÉBEC (AVRIL ET JUIN 2000) *Recensement de la population 1996-1991-1986, Outaouais*, Cahiers 4 et 5.

4.4.2 Caractéristiques de la population des principales municipalités de la périphérie

Sept municipalités de plus de 1 000 habitants ont été retenues aux fins de l'étude, soit Maniwaki, Fort-Coulonge (FC), Shawville, Thurso, Saint-André-Avellin (SAA), Papineauville et Montebello. Parmi elles, seules les villes de Maniwaki (4 527) et de Thurso (2 498) comptent plus de 2 000 habitants (Tableau 11).

Tableau 11 : Portrait démographique des autres municipalités de l'Outaouais, 1991-1996

Caractéristiques	Maniwaki	F-C	Shawville	Thurso	S.A.A.	Papineauville	Montebello
Population en 1996	4 527	1 716	1 632	2 498	1 710	1 628	1 066
Population en 1991	4 605	1 647	1 591	2 507	1 550	1 637	1 022
Taux de croissance (%)	**-1,7**	**4,2**	**2,6**	**-0,4**	**10,3**	**-0,5**	**4,3**
Population 55 - 64 ans (1996)	500	135	170	265	120	150	130
% de la population totale	**11**	**7.9**	**10.4**	**10,6**	**7**	**9,2**	**12,2**
Population 65 - 74 ans (1996)	440	140	200	240	150	135	135
% de la population totale	**9,7**	**8,2**	**15,3**	**9,6**	**8,8**	**8,3**	**12,7**

Source : www.statcan.ca/français/profil

Municipalité la plus importante de la MRC de la Vallée-de-la-Gatineau, Maniwaki demeure aussi le principal centre de services. Sa situation n'en est pas moins précaire, comme en atteste sa croissance négative depuis 1991. De plus, elle englobe une forte population âgée, vraisemblablement attirée par la variété des services, notamment dans le secteur de la santé (les 55-75 ans forment plus de 20,7 % de la population). Le vieillissement affecte aussi Fort-Coulonge et Shawville, les deux principaux centres régionaux de services du Pontiac. À Shawville, les jeunes émigrent massivement vers l'Ontario pour leurs études. D'ailleurs, plusieurs anglophones âgés entre 55 et 75 ans quittent leur Pontiac rural pour déménager dans cette ville où ils constituent environ 25 % de la population.

Pour sa part, la MRC de Papineau comprend plusieurs centres de services, Saint-André-Avellin, Montebello, Thurso et Papineauville étant les plus importants. Alors que les populations de Thurso et de Papineauville sont assez stables, celles de Saint-André et de Montebello ont sensiblement augmenté depuis 1991 et témoignent du dynamisme associé à l'accroissement d'activités des secteurs des services et du tourisme. Le pourcentage des personnes âgées de 55 à 75 ans varie : plus faible à Saint-André (15,8 % de la population), il augmente à Papineauville (17,5 %) et à Thurso (20,2 %) pour atteindre 25 % à Montebello.

Contrairement aux villes de la CUO, ces villes présentent un profil socio-économique relativement homogène. Environ la moitié des habitants n'ont pas terminé leurs études secondaires et le pourcentage des diplômés universitaires ne dépasse pas les 10 % (Tableau 12). Les revenus moyens oscillent entre 18 600 $ et 19 900 $, sauf pour Thurso où les salaires payés dans le secteur manufacturier font augmenter la moyenne à 23 720 $. En fait, Thurso a un revenu moyen plus près de la moyenne observée dans les villes de la CUO.

Tableau 12 : Portrait socio-économique des municipalités périphériques (1996)

Caractéristiques	Maniwaki	F-C	Shawville	Thurso	S.A.A.	Papineauville	Montebello
Sans D.E.S. (%)	49,5	52,1	45,7	50	**53,2**	49,4	47,5
Études universitaires (%)	**9**	7,6	7	4,5	6,8	8	6,1
Secteur primaire (%)	6	**8,2**	4,9	5,3	4	6,4	2,9
Secteur secondaire (%)	12,8	31,3	19,7	**35,9**	12,1	13,3	18,3
Secteur tertiaire (%)	81,2	59,7	75,4	58,2	**83,1**	77,3	78,8
Revenu moyen ($)	19 885	19 891	19 591	23 720	18 643	18 997	18 734

Source : www.statcan.ca/français/profil/

La seule différence importante réside dans la structure de l'emploi. Si les services dominent partout, la part du secteur secondaire varie grandement d'une ville à l'autre. Ainsi Thurso et Fort-Coulonge sont des villes industrielles avant d'être des centres de services, ce qui se reflète sur la variété des services offerts à la population locale.

L'Outaouais se différencie non seulement des grandes agglomérations nommées précédemment et des régions administratives, mais également au sein de son propre territoire. Ces nombreux clivages rendent l'étude de la région intéressante puisque sa population, en croissance, jeune et plus riche au centre, pourrait avoir une vision différente de sa retraite de celle de la périphérie. Cette population vieillira considérablement au cours des trente prochaines années pour atteindre les mêmes pourcentages que le reste du Québec. Les personnes vieillissantes pourraient être influencées par le milieu qui dispose de ressources et de services divers, qu'il soit périphérique ou central. En fait, nous nous intéressons davantage au milieu urbain de l'Outaouais, puisque c'est là qu'on retrouve le plus grand nombre de services offerts.

4.5 CONCLUSION

Bref, dans le présent chapitre, nous avons examiné trois éléments importants : la spécificité de l'Outaouais au sein du Québec, les disparités internes en Outaouais ainsi qu'un bref profil des deux types de milieux (centre versus périphérie). On a pu relever que l'Outaouais se distingue par sa population relativement plus jeune, par son dynamisme démographique, ainsi que par son économie à deux pôles. Cette économie devrait également affecter la perception que les travailleurs ont de leur retraite. De plus, la tendance mondiale du vieillissement fera en sorte que la jeune population de l'Outaouais rejoindra le taux de vieillissement provincial en l'an 2026.

En ce qui a trait au **vieillissement**, l'Outaouais fait figure de retardataire par rapport à l'ensemble de la population québécoise. En effet, le vieillissement de la population n'y a pas l'ampleur qu'il a dans les autres régions, mais son vieillissement se fera relativement vite d'après les prévisions de Langlois au tableau 3.

Ainsi, on peut dire que le concept de **retraite** y est relativement plus nouveau et moins connu. D'ailleurs, Langlois (2000, p. 45) suggère que la situation relativement bonne des personnes âgées en Outaouais serait en partie due à un phénomène exogène, celui de l'arrivée de retraités à l'aise provenant de l'extérieur de la région, à la recherche d'un cadre de vie agréable. Dans ce contexte, il serait d'autant plus intéressant de pousser l'étude des retraités en Outaouais afin de vérifier si le milieu périphérique est surtout composé de fonctionnaires s'installant dans ce milieu offrant à la fois la tranquillité et l'accès aux services.

La population de l'Outaouais vit dans un **milieu** hétérogène où l'économie bipolaire (les industries des secteurs primaire et secondaire côtoient celles du secteur tertiaire et quaternaire) a favorisé à la fois l'urbanisation et la ruralité nécessaire à l'exploitation forestière ou à l'industrie laitière. On remarque ainsi un contraste spatial où s'opposent les composantes urbaine et rurale. Un second contraste a trait à l'opposition entre l'Outaouais et Ottawa.

C'est donc la rareté des études sur la région, le manque de connaissance de l'impact du vieillissement prochain de la population en Outaouais et le manque d'études sur la retraite en Outaouais qui motivent la présente recherche. Dans le chapitre 5, nous nous intéresserons au rôle du milieu sur le bien-être des aînés, retraités ou non.

CHAPITRE 5

CADRE CONCEPTUEL ET QUESTIONS

Dans les chapitres précédents, nous avons présenté une description de la région d'étude et examiné les concepts de «qualité de vie», de «bien-être», de «vieillissement», et de «retraite». Nous avons ainsi approfondi les bases théoriques de ces concepts considérés isolément ; il s'agit maintenant d'examiner leurs interrelations. Inspiré de deux modèles différents, l'un ayant trait au bien-être et l'autre aux phases de la retraite, le cadre conceptuel choisi intègre la retraite au modèle du bien-être. Ces deux modèles ont été décrits en détail aux chapitres précédents. Le premier, le modèle environnemental du bien-être de Langlois (à paraître), intègre le bien-être des aînés à une perspective environnementale alors que le second, le modèle à sept phases d'Atchley (1976), explique l'adaptation par rapport à la retraite. Le choix de ces deux modèles est basé sur la complémentarité de leurs éléments de base, soit l'environnement et le temps, et sur la recherche de stabilité. Mais comment pouvons-nous intégrer ces deux modèles l'un à l'autre ? Nous y parviendrons en soulignant leurs points communs. Rappelons que ces modèles théoriques présentent des caractéristiques que nous examinerons dans ce chapitre. En se basant sur ce cadre conceptuel, la présente recherche examine l'effet de différentes caractéristiques sur le bien-être des retraités. De l'étude de cette problématique découleront des hypothèses.

5.1 RAPPEL DES DEUX MODELES THEORIQUES

5.1.1 Le modèle environnemental du bien-être

Le modèle environnemental du bien-être, décrit à la section 2.2.2, distingue les conditions de vie objectives (qualité de vie) des évaluations subjectives de ces dernières (bien-être). Il identifie trois grands domaines (l'environnement, les interfaces et la personne) et deux perspectives (objective et subjective). Mesurée objectivement, la qualité de vie résulte de la capacité d'une personne de répondre à ses besoins à l'aide des ressources offertes par son milieu. Mesuré subjectivement, le bien-être résulte du jugement que porte une personne sur sa qualité de vie, jugement basé sur les possibilités du milieu de combler ses besoins (richesse matérielle, statut social, relations interpersonnelles, santé, etc.). Les valeurs, les croyances et les aspirations de la personne lui fourniront ses critères d'évaluation. Le bien-être de l'individu est fortement influencé par ses caractéristiques personnelles, par son capital social (interactions sociales et implication communautaire dans son milieu) et par son capital humain (scolarité, occupation, revenu, etc.).

Le capital social réfère à l'appui que tire une personne des réseaux auxquels elle participe et des milieux dans lesquels elle s'insère ; ces réseaux et le milieu constitueront le berceau de ses expériences. La personne évaluera ensuite lesdites expériences et, après comparaison avec ses aspirations, atteindra un niveau de satisfaction qui devrait générer un certain bien-être. En fait, le bien-être n'est pas seulement la somme des satisfactions présentes, mais il s'inscrit dans une perspective philosophique et temporelle, tout comme la retraite.

5.1.2 Le modèle des phases de la retraite

Le second modèle théorique, illustré ci-après à la figure 5, est celui des phases de la retraite d'Atchley repris fréquemment par plusieurs auteurs dans la littérature.

Figure 4 : Modèle d'Atchley (1976)

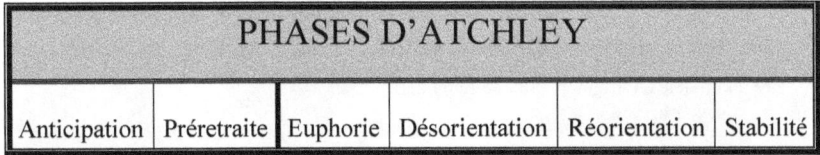

PHASES D'ATCHLEY					
Anticipation	Préretraite	Euphorie	Désorientation	Réorientation	Stabilité

Ces phases, décrites à la section 3.3.1, s'inscrivent dans une perspective temporelle et peuvent être vécues en totalité ou en partie. Une fois qu'il a cessé de travailler, le retraité doit progressivement s'adapter à la perte de son environnement de travail, lequel faisait auparavant partie de sa vie. La retraite peut alors s'avérer très difficile chez les personnes se valorisant par leur travail, alors que d'autres y trouveront leur profit. En fait, à l'aide de ce modèle, Atchley voulait surtout mettre en lumière l'idée de changement (de style, des conditions, du milieu de vie, etc.) chez une personne retraitée, tout en tenant compte du facteur «temps».

Alors que le bien-être résulte de la satisfaction des besoins à différents niveaux, le modèle d'Atchley illustre le processus suivi par un retraité lorsqu'il réévalue ses possibilités et ses conditions de vie afin d'atteindre un plus grand bien-être et il souligne implicitement l'importance des capitaux social et humain. D'abord, le retraité doit réorienter et renouveler son capital social suite à l'éloignement ou à la perte des contacts associés à son milieu du travail. Puis, il doit redéfinir ses priorités en fonction de son revenu de retraite pour pouvoir vivre aisément chacune des phases menant à la stabilité. Tel que mentionné à la section 4.2.3, les revenus des femmes étant en général inférieurs à ceux des hommes, il sera important de distinguer les retraités selon leur sexe.

5.1.3 Les points communs entre les deux modèles

Dans le premier modèle (Langlois), nous cherchons surtout à évaluer le bien-être d'une personne vivant dans un environnement lui offrant certaines possibilités, tandis que dans le second (Atchley), nous examinons l'effet du facteur «temps» sur la retraite, celle-ci étant vue comme un processus à plusieurs phases, chacune demandant une certaine adaptation avant que la personne atteigne un bien-être final correspondant à la stabilité. En fait, ces deux modèles ont en commun le phénomène de l'adaptation, soulignant l'importance du capital humain, du réseau et d'un milieu, et la dimension temporelle retrouvée à la fois dans les sept phases d'Atchley et dans la constante évaluation du bien-être du modèle environnemental de Langlois.

L'ADAPTATION

Dans le modèle environnemental du bien-être, une adaptation est nécessaire lorsque les expériences vécues ne sont pas à la hauteur des aspirations ou ne comblent pas les besoins de façon à atteindre le bien-être. Cette adaptation s'appuie sur les capitaux social et humain dont les rôles ont été reconnus à plusieurs reprises dans la littérature sur la qualité de vie et le bien-être. Macinko et Starfield (2001, p. 390) définissent le capital social comme un ensemble de règles qui régissent l'organisation d'une société et dont découlent certaines normes suscitant la confiance et favorisant la création de réseaux ; ce capital réfère à la coopération sociale qui améliore la vie d'une communauté.

Quant au capital humain, qui englobe les caractéristiques socio-économiques que sont le revenu et le niveau de scolarité, il aide la personne à déterminer ses valeurs et à choisir ses aspirations, lesquelles une fois satisfaites, permettent l'atteinte du bien-être. Ainsi, quand les expériences vécues ne sont pas à la hauteur des aspirations, le faible niveau de satisfaction empêche la personne d'éprouver du bien-être et elle doit alors s'adapter en changeant ses aspirations ou réévaluer de façon plus réaliste les possibilités offertes par son nouveau statut social.

Quant au modèle d'Atchley, il souligne les différentes phases qu'une personne vit généralement avant et pendant sa retraite. Une première adaptation touche au style de vie : le nouveau retraité doit s'habituer au fait de passer désormais beaucoup plus de temps à la maison. Il vivra également une deuxième adaptation qui va lui permettre de se créer de nouveaux réseaux d'amis ou, tout au moins, de réaménager ceux qu'il avait. La troisième adaptation a trait à l'actualisation des aspirations qui permettront au retraité de s'accomplir grâce à ses ressources et à son réseau de relations. Ainsi, il devrait pouvoir s'adapter à chacune des phases de la retraite, jusqu'à l'atteinte de la stabilité.

Tout comme le modèle environnemental du bien-être propose aux aînés de s'adapter aux changements, tant au point de vue de l'environnement familial que communautaire, le modèle d'Atchley souligne l'adaptation exigée des retraités pour faire face aux changements de style et de milieu de vie.

LA CONTINUITE DANS UNE DIMENSION TEMPORELLE

Ces deux modèles concernent l'atteinte du bien-être dans une perspective temporelle, perspective associée à l'idée de continuité, de cycle ou de mouvement en perpétuel recommencement, jusqu'à l'atteinte d'un bien-être satisfaisant. La continuité s'inscrit dans le modèle d'Atchley et est identifiée par l'évaluation constante que doit faire la personne retraitée car ce processus est nécessaire à l'atteinte d'un certain bien-être. La personne, s'habituant à chacune des phases de la retraite, vivra des hauts (trois premières phases) et des bas (quatrième et cinquième phases) avant d'accéder à une certaine stabilité. L'idée d'adaptation en tant que processus continu s'insère dans des boucles de rétroaction créées par chacune des phases de la retraite.

La dimension temporelle du modèle environnemental du bien-être, quoique moins évidente, est à la base même du modèle. Une personne, actualisant son bien-être, doit constamment réévaluer son capital humain et son capital social acquis de longue date. D'ailleurs, la continuité réfère à un processus à long terme, lequel peut être fortement associé aux phases du modèle d'Atchley. De là l'importance accordée auxdites phases afin de voir s'il est possible d'associer un bien-être supérieur aux premières années de la retraite (anticipation, préretraite et euphorie).

5.2 LE CADRE CONCEPTUEL

Parmi les événements qui jalonnent une vie humaine, la retraite fait partie de ceux qui exigent beaucoup d'adaptation. Compte tenu des points communs (adaptation et continuité) entre les deux modèles cités précédemment, nous voyons que les personnes âgées, dont les retraités, doivent tirer profit de leurs capitaux humain et social pour accéder à un certain bien-être. Le modèle environnemental du bien-être de Langlois permet d'évaluer le bien-être ; il ne reste plus qu'à intégrer l'événement de la retraite à ce modèle pour qu'il s'applique plus spécifiquement à notre population de retraités.

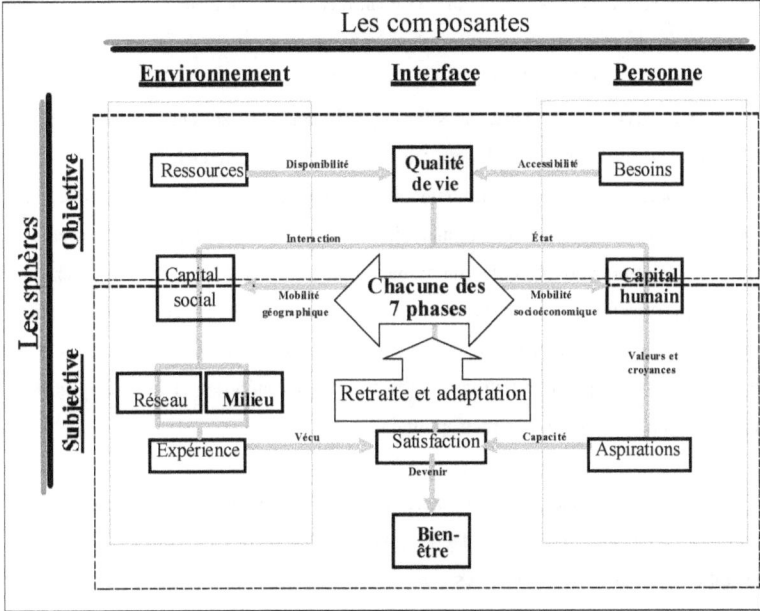

L'adaptation exigée fait intervenir les capitaux humain et social qui jouent un rôle important à chacune des phases de la retraite, d'où l'idée de boucle de rétroaction. Dans un premier temps, le **capital humain** change, compte tenu notamment de la baisse des revenus chez plusieurs retraités. Puis, le **capital social** aide ce dernier à s'adapter : il reçoit du support de ses proches et de ses amis. À la base même du capital social, le réseau et le milieu jouent un rôle central. Une personne ayant quitté son emploi vit dans un nouvel espace-temps auquel il lui faudra s'adapter. Suite à la perte des relations professionnelles quotidiennes, il est possible que les relations familiales prennent plus d'importance. Aussi, le statut matrimonial est un élément important du capital social puisqu'il encourage les relations sociales au sein du foyer familial. Il y a donc une distinction importante à faire entre un retraité célibataire qui cherche davantage à diversifier son réseau hors de la famille et un retraité dont le couple favorise et facilite la diversification d'un réseau. La question du statut matrimonial sera développée plus loin. Il est aussi probable que le voisinage et la communauté jouent un plus grand rôle qu'avant. C'est une autre question qui sera examinée dans cette thèse.

Un retraité peut être bien chez lui lorsqu'il vit sa phase d'euphorie, alors qu'un autre retraité vivra cette phase en s'impliquant dans des activités communautaires l'obligeant à sortir de chez lui. Il sera donc intéressant d'explorer le lien entre le bien-être des retraités selon leur environnement immédiat (logement, voisinage et services publics), leur environnement communautaire (interactions avec les autres, support de l'entourage et implication dans la communauté). Le rôle de l'accès aux commerces et aux services (ressources de base, services de santé et sociaux, loisirs et culture) sera aussi analysé. Pour en savoir davantage, nous comparerons le bien-être des retraités en Outaouais selon le type de milieu de vie (central ou périphérique) et le type de quartier pour ceux qui résident en milieu métropolitain.

Nous voyons donc que la retraite et l'adaptation qu'elle nécessite constituent un processus reliant entre eux et de façon continue chacun des éléments du modèle et exigeant un ajustement à chacune des phases. Ces éléments ont une influence les uns sur les autres, surtout avec les boucles de rétroaction des différentes phases de la retraite. Il est désormais possible de définir des pistes de recherche qui s'appuient sur la littérature existante sur le bien-être.

5.3 LA PROBLÉMATIQUE

La présente recherche vise à vérifier l'effet de la retraite sur le bien-être, ainsi que l'effet sur les retraités de l'Outaouais des diverses caractéristiques que sont les phases de la retraite, le sexe, les capitaux social et humain et les facteurs géographiques. Deux courants d'opinions se dégagent des recherches sur le bien-être et la retraite. Selon le premier courant, le bien-être est moindre lorsque associé à la retraite, car elle aurait un effet négatif sur celui-ci, alors que selon le second courant, un moindre bien-être serait plutôt dû à une mauvaise adaptation, plutôt qu'à la retraite elle-même.

En fait, la littérature nous apprend que plus un retraité est préparé, tant psychologiquement que financièrement, plus il a la chance de s'adapter à la retraite et d'être heureux. Plusieurs recherches ont identifié des facteurs influençant le bien-être (ATCHLEY, 1976, BRATHWAITE and GIBSON, 1987, etc.). Après trente ans de recherche sur le bien-être, Larson (1978) conclut que la santé, les conditions socio-économiques, le statut matrimonial, l'accessibilité au transport, le logement et les activités sociales sont étroitement liés au bien-être.

> Higher degrees of subjective well-being are witnessed by people who have a better health, higher SES (income, education and occupation), higher levels of social interaction, a marital partner, easily accessible transportation and improved or modern housing. Demographics of age, sex and race show inconsistently influence. (SLAUGHTER-BROWN, 1997, p. 22)

Cependant, dans leur examen des différents facteurs intervenant sur le bien-être des retraités, ces auteurs ne prêtent pas une attention particulière au rôle du milieu. Nous allons essayer d'en faire ressortir l'influence, en évaluant la satisfaction des retraités à l'endroit de certaines de leurs conditions de vie. Ces conditions de vie (cadre de vie, relations sociales, accès aux commerces et aux services) sont étroitement liées aux ressources offertes et à la mobilité des personnes ; leur rôle sera évalué en fonction du bien-être de chaque retraité et sera présenté subséquemment afin d'orienter les hypothèses à venir.

5.3.1 La retraite : un plus grand bien-être ?

Puisées dans une abondante littérature présentée antérieurement, trois conceptions semblent opposer les auteurs quant à l'effet de la retraite sur le bien-être. En effet, les auteurs se divisent selon trois points de vue. Le premier groupe prône que l'adaptation vécue à la retraite constitue une véritable crise qui affecterait négativement le bien-être des gens. Quant au deuxième groupe, il soutient que la retraite n'affecterait en rien leur bien-être, puisqu'elle ne constituerait pas un événement critique, mais marquerait plutôt la fin du cycle productif. Finalement, les quelques auteurs du dernier groupe ont obtenu des résultats démontrant l'accroissement du bien-être à la retraite.

Selon les tenants du premier groupe, les retraités éprouveraient un bien-être plus faible que les non-retraités car la retraite serait perçue comme une difficulté et provoquerait un effet négatif sur leur bien-être : « la perte d'un rôle et d'un réseau social, l'insuffisance de revenu, la modification d'une vie de couple plus intensive, bref, une réorganisation de vie » (ROBICHAUD, MALTAIS et LAROUCHE, 2000, p. 83). En effet, cette nouvelle étape de vie peut être critique puisqu'elle implique un changement de vie et une réévaluation de soi.

Par contre, pour les auteurs du deuxième groupe dont Wan, Odell et Lewis (1982), la retraite a plutôt un effet neutre et ils démontrent qu'elle n'est pas un événement critique ou traumatisant pour la majorité des personnes l'ayant prise avant 65 ans. Pour leur part, George et Maddox (1977, p. 461) démontrent que la retraite n'entraîne pas automatiquement une baisse du bien-être : "[...] any expectations that loss of work would be accompanied by loss of a sense of general well-being with life is simply not evidenced."

Il semble que les retraités eux-mêmes partagent cet avis, en ce sens qu'ils verraient leur bien-être sensiblement de la même façon que les non-retraités.

> In the Western Ontario study the findings were similar, in that more than 90% of the retired respondents reported a high level of well-being (happiness) and the retirees reported the same high level of satisfaction with standard of living as the workers who were younger. In this study, no difference was found between workers and retirees in the general assessment of their health. (SCHNORE, 1985, p. 2)

Enfin, les auteurs du troisième groupe se basent sur la disparition des pressions liées au travail et, d'après eux, les retraités auraient davantage le contrôle de leur vie. Leclerc et al. (2001) ajoutent que les retraités de 60 à 65 ans ont une meilleure qualité de vie physique et psychosociale, mais qu'ils éprouveraient un bien-être psychologique équivalent à celui de leurs collègues du même âge encore au travail. D'ailleurs, cette étude démontre que le temps libéré par l'arrêt du travail est généralement utilisé, au cours des deux premières années, pour participer à des activités physiques et sociales favorisant le bien-être. Bref, le bien-être des retraités serait supérieur à celui des travailleurs puisque les retraités exerceraient un plus grand contrôle sur leur vie.

Neugarten, Havighurst and Tobin (1961) point out that life satisfaction is made up of a number of individually-oriented components. Among them are whether the individual takes pleasure from the round of activities that constitutes his everyday life; whether he regards his life as meaningful and accepts resolutely that which life has been; whether he holds a positive image of himself; whether he fells he has succeeded in achieving his major goals; and whether he is able to maintain happy and optimistic attitudes and moods. (PEPPERS, 1976, p. 442)

Selon Lancry-Hoestlandt, l'effet positif du contrôle d'un retraité sur sa vie peut disparaître s'il est neutralisé par le vieillissement physique.

En fait, l'étude de la qualité du temps vécu dans la période de la retraite constitue un point de rencontre à ces deux préoccupations (le temps et le vieillissement) puisque la maîtrise totale et personnelle du temps libéré des obligations professionnelles surprend l'individu à un moment où il ressent son propre vieillissement à travers son regard et celui des autres, lui posant des problèmes d'image de soi et d'image sociale, pour lui et pour les autres. (LANCRY-HOESTLANDT, 1983-1984, p. 743)

Il serait intéressant de pousser plus loin l'analyse pour comprendre l'effet de la retraite sur la satisfaction à l'endroit des conditions de vie. La littérature suggère que l'évaluation des conditions de vie par les retraités pourrait être supérieure à celle des non-retraités puisque les premiers contrôlent davantage leur vie, leur temps et leur environnement. Ils peuvent ainsi modifier ces éléments selon leurs désirs. Les conditions de vie mesurées dans le questionnaire distribué aux aînés de l'Outaouais par l'équipe travaillant sur le bien-être comportaient trois catégories : le cadre de vie, les relations sociales et l'accès aux services et aux commerces. D'ailleurs, plusieurs écrits recensés soulignent l'effet de la retraite sur ces trois types de conditions de vie, étant donné que plusieurs retraités réorganisent leur vie de façon marquée.

Les retraités auraient recours à de nombreuses activités matérielles, psychologiques, relationnelles et occupationnelles (on y retrouve les loisirs, le travail rémunéré ou non, les hobbies, les cours variés et les activités sportives). (ROBICHAUD, MALTAIS et LAROUCHE, 2000, p. 84)

5.3.2 L'impact des phases de la retraite sur le bien-être

Intégrant la retraite et ces phases au modèle environnemental du bien-être, nous pourrons mesurer l'effet, sur le bien-être, du temps avant et au moment de la retraite.

[...] we specify retirement as a set of behavioral variables, permitting us to examine various aspects and stages that constitute retirement, from retirement planning to postretirement employment. (HAN and MOEN, 1999, p. 198)

L'analyse du facteur «temps» (nombre d'années avant et après la cessation d'emploi) permet alors de pousser l'étude du bien-être des retraités. D'ailleurs, une conclusion de Leclerc et al. (2001) est que « malgré un accroissement du bien-être physique et psychosocial, les retraités connaissent, après deux ans, un fléchissement significatif de leur bien-être psychologique, dû à une diminution de leur affect positif et de leur implication dans des activités spirituelles ». Il y aurait donc des distinctions à faire entre le bien-être des «jeunes» retraités et celui des «vieux» retraités.

Notre analyse de l'effet du facteur «temps» sur le bien-être se divise en deux parties. Une première vise à comparer le bien-être des retraités selon le nombre d'années à la retraite, la seconde fait de même chez les répondants non retraités. Pour les retraités, les premières années à la retraite pourrait correspondre à la phase d'euphorie. L'effet des phases de la retraite sur le bien-être est très peu développé dans la littérature. Nous ne retrouvons que quatre études (HAN et MOEN, 1999, LECLERC et al., 2001, STREIB and SCHNEIDER, 1971 et FRIEDMANN and ORBACH, 1974) qui abordent le sujet. Se référant à l'étude de Streib et Schneider de 1971, Friedmann et Orbach (1974, p. 631) soulignent qu'un tiers des hommes et des femmes vivent mieux leur retraite que prévu; moins des deux tiers des répondants disent que la retraite correspond à ce qu'ils pensaient, alors que seulement 4 % des hommes et 5 % des femmes disent que leur retraite est pire que prévu. Il semble donc que les retraités voient une diminution ou une augmentation de leur bien-être suite à la retraite et nous tenterons de le vérifier.

Par la suite, nous ferons de même pour les non-retraités et le nombre d'années les séparant de leur retraite (phases d'anticipation et de préretraite). On sait que la retraite peut donner lieu à beaucoup d'espoir ; elle serait alors perçue positivement en permettant aux non-retraités d'accéder à une liberté qui n'est plus limitée par le travail. Pourtant, si la retraite est parfois perçue avec beaucoup d'inquiétude, compte tenu des bouleversements imminents, il se peut que le bien-être des personnes à la veille de leur retraite soit inférieur à celui des personnes dont la retraite se situe beaucoup plus loin dans le temps. D'ailleurs, Streib et Schneider (1971), comparant la perception des préretraités à celle des retraités, ont souligné que les retraités avaient une meilleure perception de la retraite que les préretraités.

5.3.3 La triade revenu-travail-retraite examinée en fonction du sexe

Comme nous l'avons vu au chapitre 4, les revenus moyens des femmes sont généralement inférieurs à ceux des hommes. Dès lors, on peut supposer que les femmes n'ont pas le même rapport que les hommes avec le travail et la retraite. Toutefois, ces derniers étant par le passé majoritaires sur le marché du travail, la retraite leur a longtemps été associée.

> An analysis of recent texts indicates that research on labor-force participation and retirement has been guided by the assumption that retirement constitutes a significant life transition only for men. (SZINOVACZ, 1983, p. 93)

De plus, le fait que les femmes retraitées aient des revenus moindres n'est pas sans conséquence sur leurs priorités, leurs valeurs, leurs réseaux d'entraide et leurs loisirs. Comme elles ont moins d'argent à dépenser, elles profitent sans doute moins de leur retraite.

Moen (2001) affirme que le sexe détermine non seulement les premiers instants de la vie adulte, mais également les relations sociales et les ressources attribuées à chacun, et même le rôle attribué à chacun des sexes. Ceci s'applique évidemment à la retraite. Par exemple, les hommes retraités seraient plus enclins à chercher un emploi à l'extérieur, alors que les femmes à la retraite s'occuperaient plutôt de leur mari ou d'un proche malade. D'ailleurs, Wethington et Kavey (2000) disent que les femmes âgées ont un meilleur réseau social que les hommes puisqu'une importante source d'intégration sociale vient d'amis et de voisins. En fait, les deux formes d'intégration les plus populaires pour les retraités sont l'emploi, pour les hommes, et le bénévolat ou les services communautaires, pour les femmes (MOEN, 2001, p. 187). Ironiquement, les analyses longitudinales démontrent que s'occuper d'un partenaire malade, rôle souvent associé aux femmes à la retraite, va de pair avec un bien-être psychologique jugé inférieur (STRAWBRIDGE, WALLHAGNE, SHERMA et KAPLAN, 1997). Nous pourrions donc penser que la retraite a des effets différents sur le bien-être des hommes et celui des femmes.

La littérature semble parfois ambivalente sur la comparaison des femmes retraitées aux hommes retraités. Cela peut s'expliquer par l'absence d'études considérant un nombre suffisant de femmes retraitées et préretraitées lors des premières recherches longitudinales portant sur l'adaptation des femmes à la retraite. À l'époque, les chercheurs prenaient pour acquis que les femmes s'adaptaient plus facilement à la retraite que les hommes, car leur rôle principal était de s'occuper de la maison. Les premiers textes de Palmore (1965), dont un article intitulé *Differences in the Retirement Patterns of Men and Women*, soulignent bien la vocation des femmes au foyer. Selon lui, les hommes se forgeaient une identité au travail, ce qui n'était pas le cas des femmes. Ces conclusions, quelque peu négatives, allaient influencer plusieurs recherches puisqu'il en découlait que la retraite devenait plus difficile à vivre pour les hommes car ils perdaient leurs rôles social et psychologique (GRATTON et HAUG, 1983, p. 63). Dans les années 70, plusieurs ont critiqué cette hypothèse car elle ne reposait pas sur des études empiriques valables. Des points de vue différents sur le bien-être des femmes et des hommes à la retraite ont alors été exprimés; certaines recherches[8] ont même inversé l'hypothèse en affirmant que les femmes vivaient de plus grandes difficultés d'ajustement à la retraite que les hommes. Selon Szinovacz (1983), en accord avec ces recherches, le travail permet aux femmes de s'évader du nid familial et d'établir plus de contacts sociaux. Le fait d'arrêter de travailler pourrait donc provoquer chez les femmes une diminution considérable de leur bien-être.

Quant aux enquêtes soutenant que les femmes étaient moins satisfaites que les hommes à la retraite, elles ont révélé que la santé et les ressources, tant sociales que financières, étaient les sources de cette insatisfaction, plutôt que la retraite comme telle. Donc, la retraite ne devenait plus l'élément déclencheur, mais plutôt un événement qui affectait négativement la santé et l'accès aux ressources.

> While the marital unit may provide more fertile ground, to this point no important gender-differentiated findings have been obtained in the research on adaptation to retirement. The most significant conclusion is that, in terms of subjective well-being,

---

[8] Parmi celles-ci, on compte Barfield et Morgan (1969), Streib et Schneider (1971), Atchley (1976) et Jaslow (1976).

women share with their male counterpart a remarkably fluid transition from work to retirement. (GRATTON and HAUG, 1983, p. 64)

Puis, en consultant d'autres recherches[9], nous avons vu que la retraite vécue tant par les hommes que par les femmes n'affecte pas le bien-être qui demeure une valeur stable. Seccombe et Lee arrivent à la même conclusion:

[...] that retirement is not a categorically different experience for women than for men, particularly as retirement satisfaction seems responsive to the same causes regardless of gender. The lower levels of retirement satisfaction among women appear to be due to their low incomes in retirement and, to a lesser extent, their lower probabilities of being married. (Seccombe et Lee, 1986, p. 437)

Nous tenterons donc de vérifier si les faibles revenus des femmes en Outaouais se répercutent sur leur bien-être, comparativement aux hommes.

5.3.4 Le rôle du capital social dans le bien-être des retraités

Nous aborderons le capital social en nous servant de deux indicateurs : le statut matrimonial (soulignant l'aspect de la solitude) et la durée de résidence dans le logement (soulignant le sentiment d'appartenance à un milieu). Le statut matrimonial devrait avoir une influence sur le réseau de relations sociales et sur le type de milieux fréquentés. En fait, une personne retraitée vivant en couple passerait davantage de temps au domicile familial puisqu'elle y trouverait du soutien, contrairement à une personne vivant seule. Par contre, la personne seule fréquenterait davantage les milieux communautaires afin de partager des passions communes et d'y rencontrer d'autres personnes à la retraite.

We expect that spouse and parent identity meanings may help to foster well-being as individuals make the transition from full-time work into retirement. (REITZES, MUTRAN and FERNANDEZ, 1996, p. 655)

De son côté, Schlumberger (1994) souligne les différences de situation entre les hommes seuls à la retraite et les femmes célibataires. Selon lui, les hommes disposent d'un revenu plus élevé, mais éprouvent plus de difficulté à entretenir des relations intimes avec leur famille ou leurs amis. Il souligne que les veuves, en plus grand nombre dû à leur espérance de vie plus longue, se créent facilement des réseaux de relations sociales,

---

[9] Ces nouvelles recherches englobent celles de Bond (1982), Chatfield (1977), Prentis (1980), Atchley (1981) et Kroeger (1981).

mais que leur niveau de vie diminue après la mort du mari, car habituellement elles disposent alors de moins d'argent.

> As long as both members of the couple are reasonably healthy, marital satisfaction increases as the couple grows older. Most retired couples have high marital satisfaction. The major threats to marital satisfaction are inadequate income and disabling illness in one or both members of the couple. (ATCHLEY, 1982-b, p. 130)

Dans le même ordre d'idées, la littérature mentionne que la retraite est bien différente pour les célibataires en comparaison avec les couples. Caradec (1995, 1996) s'est grandement intéressé à la question en se demandant si la retraite était mieux à deux. Pour leur part, Gratton et Haug (1983) notent que, chez les couples, la décision de prendre sa retraite est surtout influencée par la situation de l'époux et d'après eux, l'insatisfaction provoquée par la retraite serait légèrement plus grande chez les femmes. Pourtant, ces auteurs prennent soin d'énumérer plusieurs caractéristiques influençant différemment les femmes et les hommes en ce qui à trait à la satisfaction apportée par la retraite : le statut matrimonial, l'attitude face à la retraite, la présence d'enfants, le changement dans les activités et les relations sociales, la santé, le statut socio-économique et, finalement, les objectifs de la retraite.

> The findings concerning the relationship of marital status to psychological well-being also clearly indicate that higher levels of well-being are associated with being married. [...] Persons who are married or who were never married have higher levels of well-being than persons who are separated, divorced or widowed ». (GRATTON and HAUG, 1983, p. 70)

Aussi, nous tenterons de comprendre le phénomène de l'appartenance d'un retraité à son milieu, en nous basant sur le nombre d'années de résidence dans un même logement. Le sentiment d'appartenance d'un retraité à son environnement pourrait favoriser davantage l'entraide, la confiance, la sécurité et les relations sociales avec ses voisins. Dans la littérature, nous recensons quelques éléments relatifs au bien-être qui soulignent l'importance du sentiment d'appartenance chez les personnes âgées. Pour sa part, Cribier (1981) souligne que les conditions défavorables à la retraite sont souvent imprévisibles : une mauvaise santé, le veuvage ou la relocalisation forcée. On retrouve davantage ces conditions chez les retraités de la classe pauvre. De son côté, Slaughter-Brown (1997) identifie le désir de déménager, la relocalisation et les voisins ayant un âge comparable à celui des aînés comme trois facteurs influents du bien-être. Elle cite également Lawton, Moss et Moles (1984) qui ont découvert que les aînés ont une perception positive de leur voisinage lorsque leur environnement est composé d'une population homogène aussi âgée qu'eux. Cleland (1965, p. 339) va dans le même sens en mentionnant l'importance du milieu et de sa population pour les personnes âgées : "Apparently many oldsters feel most at home in an environment similar to that of their more youthful or productive years." Nous tenterons maintenant de voir si le capital social influence le bien-être des retraités en utilisant ces deux facteurs (statut matrimonial et durée de résidence dans le logement) comme baromètre.

5.3.5 Le rôle du capital humain sur le bien-être des retraités

Le capital humain, défini plus tôt, regroupe les capacités innées et les capacités acquises. Nous utiliserons le niveau d'instruction et le revenu familial moyen comme indicateurs du capital humain.

Plusieurs auteurs soulignent l'importance du revenu sur le bien-être des retraités. Atchley, décrivant la phase d'anticipation, mentionne qu'un retraité devrait évaluer ses revenus pour préparer sa retraite de façon à ce que ses attentes soient financièrement réalisables. Certaines recherches, dont celle de Foner et Schwab (1981), concluent qu'être en santé, riche et instruit mène directement à une plus grande satisfaction du bien-être des retraités. Quant à Barfield et Morgan (1978), ils ont vérifié l'effet de sept caractéristiques[10] sur le bien-être ; seulement deux se sont avérées statistiquement significatives : le revenu familial et l'état de santé.

> Income security, marital satisfaction, meaningful activities, and good health are the major factors that promote well-being among retired persons. (ATCHLEY, 1982-b, p. 129)

> Edward and Klemmack's (1973) study reported that the relationship between age and satisfaction with life was eliminated when they controlled for socio-economics status (SES). (WAN, ODELL and LEWIS, 1982, p. 46)

---

[10] Les sept caractéristiques sont : l'âge de la prise de retraite, le nombre d'années à la retraite, le sexe et le statut matrimonial, les déménagements dûs à la retraite, le salaire approximatif à la préretraite, le revenu familial en 1975 et l'état de santé.

Il est certain que l'emploi avant la retraite[11] influence directement le revenu et l'attitude envers celle-ci, mais la présente recherche ne s'y attarde pas puisque ce n'était pas son objectif. Les facteurs socio-économiques, identifiés par Chatfield (1977), sont essentiels au bien-être[12]. Wan, Odell et Lewis (1982, p. 46-47) affirment qu'une personne dont le revenu familial est plus élevé jouit d'une plus grande satisfaction dans la vie. Ils concluent en disant que des revenus familiaux bas n'entraînent pas automatiquement une faible satisfaction, mais que des revenus supérieurs sont directement associés à une meilleure satisfaction des conditions de vie. En fait, le capital humain a une grande importance, mais il n'est pas le seul à influencer le bien-être, l'attitude comptant pour beaucoup.

> Toutefois, le moins que l'on puisse dire, c'est que diverses conditions semblent nécessaires, voire essentielles pour favoriser la réalisation de soi à la retraite. Mais au-delà des conditions fondamentales telles que la santé, le revenu (Rodrigue, 1998 et Stevenson, 1996) et l'environnement, il semble que les attitudes personnelles, tout comme l'utilisation de ses différentes capacités et aptitudes artistiques, intellectuelles ou autres, peuvent faire qu'une retraite soit réussie ou moins heureuse. (ROBICHAUD, MALTAIS et LAROUCHE, 2000, p. 84)

5.3.6 L'effet des facteurs géographiques sur le bien-être des retraités

Le rôle de l'environnement sera maintenant mesuré sous deux angles, à savoir l'effet du milieu et celui de la mobilité des retraités sur leur bien-être. Le milieu se divise en deux : le type de milieu habité en Outaouais et le type de quartiers habités au sein de la ville de Gatineau. Quant à la mobilité, elle se définit opérationnellement par la possession d'une voiture, par les voyages effectués, mais aussi par l'état de santé pouvant mobiliser une personne et l'empêcher de profiter des ressources et des services de son environnement.

Dans un premier temps, nous cherchons à souligner les différences dans le bien-être des retraités selon leurs milieux de vie respectifs, soit central ou périphérique, tous

---

[11] Soulignons que la majorité des retraités de l'Outaouais se répartissaient selon quatre types d'emploi : la vente et les services avec 23,8 % (88 retraités), les sciences sociales, l'enseignement et l'administration publique avec 25,7 % (95 retraités), les affaires, les finances et l'administration avec 19,5 % (72 retraités), et 13,3 % (49 retraités) travaillant dans des métiers, dans les transports ou dans la machinerie. Ces 304 retraités ont sans doute eu de bons régimes de pension, surtout le quart ayant travaillé en sciences sociales, en enseignement ou dans la fonction publique.

[12] Chatfield se base sur plusieurs études antérieures comme: Kutner et al. (1956), Thompson, Streib and Kosa (1963), Marshall and Eteng (1970), Edwards and Klemmack (1973).

deux définis au chapitre 4. Force est d'admettre que le centre semble offrir plus de services que la périphérie. Ces services peuvent être de base (p. ex., marché d'alimentation), mais également culturels, sociaux et comprennent les transports en commun.

> Parmi les facteurs influençant la qualité de vie pendant la retraite, les contacts humains constituent certainement un des plus importants. Rares sont ceux qui souhaitent vivre dans l'isolement, mais le fait d'entretenir des liens enrichissants avec la famille ou les amis peut exiger le recours à des stratégies nouvelles et différentes. (ZAY, BLOSSOM et RIVARD, 1987, p. 55)

Les services offerts en milieu central recèlent davantage de possibilités et de liberté aux retraités moins bien nantis, que ceux de la périphérie.

Nous retrouvons deux études soulignant l'effet du milieu sur le bien-être : la première vise tous les aînés, alors que la seconde cible plus particulièrement les retraités. D'abord, Aldrich (1974) a trouvé, chez certaines familles du Portugal et du Brésil, que les différences urbain versus rural étaient plus importantes que les différences culturelles. Selon lui, pendant que le milieu rural conservait les valeurs traditionnelles de la famille et des relations intergénérationnelles, le respect envers les aînés diminuait en fonction de l'éducation dans les milieux urbains des deux sociétés. Cette étude, effectuée dans les années 70, peut sembler désuète, mais il n'en demeure pas moins que le milieu périphérique pourrait offrir de meilleures relations de voisinage et d'entraide entre ses habitants que le milieu central, plus individualiste. Dans cette optique, le milieu périphérique, comparé au milieu urbain, proposerait davantage de liens entre les voisins de la communauté pour aider les personnes seules. (GUTTMAN, 1977, p. 319).

La seconde étude, conduite par Lalive D'Epinay et al. (1983, p. 475), compare le bien-être des retraités selon leurs milieux de vie, urbain ou rural. Selon eux, le bien-être des hommes interrogés n'est pas seulement influencé par leur classe sociale, mais également par les différences régionales entre ces deux milieux ; les ouvriers de la région semi-rurale étaient moins satisfaits que ceux de la ville et ils étaient beaucoup plus susceptibles de prendre leur retraite plus jeunes, pour des raisons de santé. Ils concluent que la classe sociale influence le bien-être des répondants.

L'étude du bien-être selon les quartiers veut souligner les diverses réalités au sein de la nouvelle ville de Gatineau ; par exemple, certains quartiers bénéficient d'une gamme plus large de services comparativement à d'autres. Pour cette raison, nous distinguerons trois types de quartiers (centraux, de banlieue et périurbains) qui ont été divisés selon leur distance par rapport au centre et selon la disponibilité des services de transport en commun.

Le deuxième facteur de l'environnement que nous étudierons est la mobilité qui peut se mesurer de différentes façons. Nous en avons choisi quatre : la possession d'une voiture dans le ménage, les voyages effectués au cours de la dernière année, les problèmes de santé limitant la mobilité et l'état de santé en général. Ces indicateurs sont dits de base puisqu'en fait, plusieurs autres facteurs peuvent limiter la mobilité (p. ex., le revenu familial) :

> Financial security largely determines the range of alternatives people have in adjusting to aging. Older people with adequate financial resources can afford to travel, to go shopping, to entertain friends, to seek the best in health care, and to keep a presentable wardrobe and household. Older people without money can do none of these things. (ATCHLEY, 1980, p. 133)

Le premier indicateur auquel nous pensons lorsqu'il est question de mobilité est la possession d'une automobile ; pourtant, rares sont les études associant le bien-être des retraités à la possession d'une voiture. Les seules références sur le sujet viennent de Wan, Odell et Lewis (1982) et de Friedmann et Orbach (1974). Ces derniers ont effectué une étude où des travailleurs conduisaient leur voiture pour se rendre au travail. Ils ont constaté que ces derniers avaient une attitude positive et une grande satisfaction face à la retraite. La possession d'une voiture contribuerait au bien-être des retraités en facilitant leurs déplacements, que ce soit pour visiter leur famille, pour voyager ou pour accéder à différents biens et services.

> [...] family relationships in retirement. Some of these have also demonstrated that differences in actual patterns of family relationships are often the consequence of situational conditions such as residential proximity, health, economic situation (possessing an automobile to enable easy travel), [...] and even technical development in the society — universal as opposed to nonuniversal possession of a telephone for daily contact. (FRIEDMANN and ORBACH, 1974, p. 627)

Aussi surprenant que cela puisse paraître, Wan, Odell et Lewis voient très peu de différences entre le bien-être des travailleurs et celui des retraités en ce qui a trait à la mobilité attribuée au transport : "There was very little variation between retired and working persons." (WAN, ODELL and LEWIS, 1982, p. 80)

Nous utiliserons les voyages, qui amènent forcément un changement d'environnement, comme un indicateur de la mobilité afin d'examiner leur effet sur le bien-être d'un retraité. En fait, nous examinerons l'effet des voyages sur la perception du bien-être des retraités.

Finalement, le dernier indicateur associé à la mobilité est la santé, que ce soit l'évaluation des problèmes de santé limitant la mobilité ou l'évaluation générale de la santé du répondant. D'après la littérature, le bien-être et la santé vont de pair. "Finally, poor health and declining health have also been tied to lower morale and life satisfaction." (WAN, ODELL and LEWIS, 1982, p. 47)[13]

Atchley (1980) consacre un chapitre complet à la santé. Il affirme qu'elle n'est pas affectée négativement par des évènements perturbateurs de la vieillesse comme la retraite, mais qu'elle est toutefois importante pour vivre une retraite satisfaisante.

> Most retired people are quite active and activity in retirement is associated with high life satisfaction. Finally, good health is a major enabling condition for a satisfying life in retirement. (ATCHLEY, 1982-b, p. 131)

Il s'agit maintenant de voir, parmi les facteurs géographiques, lequel, du milieu ou de la mobilité, jouera le plus grand rôle dans le bien-être des retraités.

Compte tenu du grand nombre de caractéristiques et de facteurs examinés dans cette recherche (adaptation à la retraite dans le temps, sexe, capital social, capital humain et facteurs de l'environnement), nous tenterons d'identifier ceux qui influencent le plus le bien-être des retraités.

---

[13] Ces derniers ont recensé plusieurs études dont celles de Streib and Schneider (1971), Palmore and Kivett (1977), Wolk and Telleen (1976), Bull and Aucoin (1975), Spreitzer and Snyder (1974), Toseland and Sykes (1977), Markides and Martin (1979).

5.4 LES HYPOTHESES

Le cadre conceptuel et la problématique ne seraient pas complets sans la présentation des hypothèses qui orienteront et guideront notre étude des facteurs d'influence du bien-être des retraités en Outaouais. Comme la littérature recensée opposait parfois les points de vue quant à l'effet de la retraite sur le bien-être, il a été quelque peu difficile de prendre position. Les hypothèses se structurent en deux niveaux : une hypothèse générale (H-1) portant sur l'ensemble des répondants et quatre hypothèses particulières (H-2, H-3, H-4 et H-5) traitant strictement du bien-être des retraités afin de faire ressortir les caractéristiques influençant le plus le bien-être des retraités en Outaouais (Figure 7).

Figure 6 : Schéma de la structure des hypothèses

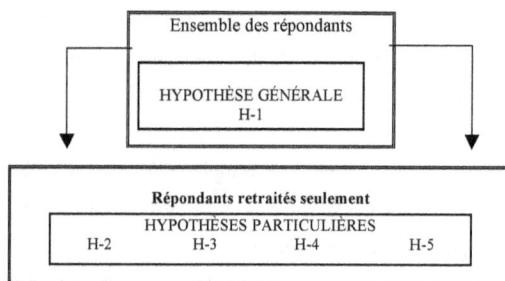

Ces niveaux nous permettront, dans un premier temps, de comparer le bien-être des retraités à celui des non-retraités selon les phases, avant de comparer le bien-être des retraités selon les quatre perspectives traitées. Le premier niveau des hypothèses se veut plus général, alors que le deuxième niveau, ciblant particulièrement les retraités, poussera l'analyse à une échelle plus fine afin d'en faire ressortir le maximum de renseignements.

5.4.1 Le facteur « temps »

D'abord, le bien-être des retraités sera comparé à celui des non-retraités. Les auteurs affirment qu'après deux ans, les retraités connaissent une baisse de leur bien-être. Associant la phase d'euphorie à ces premières années, cette thèse vise à vérifier si le bien-être des nouveaux retraités est supérieur à celui des autres retraités. Pour ce qui est du bien-être des non-retraités, la littérature mentionne que la perception de la retraite est moins bonne chez les préretraités que chez les retraités, phénomène peut-être dû à la peur de l'inconnu. D'ailleurs, cette même étude affirme qu'un tiers des retraités vivent leur retraite mieux que prévu.

HYPOTHESE 1A

Découlant de la littérature, le bien-être des nouveaux retraités (depuis moins de deux ans) devrait être supérieur au bien-être des personnes à la retraite depuis plus de deux ans.

HYPOTHESE 1B

Nous pensons que les personnes prenant leur retraite dans moins de deux ans (phase préretraite) auraient un bien-être inférieur aux autres non-retraités (phase anticipation) soit à cause de la peur, de l'inquiétude et/ou du stress généré par l'idée de leur future situation.

5.4.2 Le sexe

En Outaouais, les femmes de plus de 55 ans ont un revenu plus faible que celui des hommes (chapitre 4). Leur perception du travail devrait en être affectée, tout comme leur perception de la retraite. Aussi, comme les femmes voient différemment leurs relations sociales, il en est de même de leur bien-être. À la retraite, elles ont tendance à garder un réseau social actif si elles en avaient un avant. Pourtant, les revenus des femmes retraitées sont souvent inférieurs à ceux des hommes retraités, ce qui entraîne nécessairement des répercussions sur leur vie sociale.

HYPOTHESE 2

S'appuyant sur le fait que les femmes ont des revenus moindres en Outaouais, cette thèse vise à vérifier si le bien-être des femmes retraitées est inférieur à celui des hommes retraités.

5.4.3 Le capital social

Le capital social peut être mesuré par la participation ou l'appartenance à un milieu social. Nous avons défini le capital social par le statut matrimonial et l'ancienneté dans le logement. Le capital social devrait influencer le bien-être puisqu'une personne entretenant des liens et des rapports avec sa communauté mène une vie sociale active.

HYPOTHESE 3A

Le statut matrimonial est grandement étudié dans la littérature sur le bien-être. En fait, plusieurs auteurs sont d'avis que la retraite est plus avantageuse à deux. C'est ce que nous tenterons de vérifier par cette hypothèse.

HYPOTHESE 3B

Découlant d'une littérature qui souligne l'importance du milieu connu et du voisinage chez les personnes âgées, l'hypothèse que nous voulons vérifier est la suivante : le bien-être des retraités ayant récemment changé de logement (depuis moins de 5 ans) devrait être inférieur au bien-être des retraités n'ayant pas déménagé.

5.4.4 Le capital humain

Le capital humain se définit par le revenu et la scolarité. D'ailleurs, de tous les facteurs susceptibles d'influencer le bien-être des retraités, le capital humain est celui ayant été le plus documenté ; il devrait donc être l'élément influençant le plus le bien-être des retraités. En fait, plus une personne est fortunée et scolarisée, plus il lui serait facile de s'adapter aux différentes situations, puisque les ressources nécessaires lui sont facilement accessibles.

HYPOTHESE 4A

Ce qui nous suggère que le niveau de scolarité jouerait un rôle important dans le bien-être des retraités car s'ils sont plus instruits, ils seraient plus aptes à se réorienter à la retraite. Un retraité scolarisé, mieux équipé pour faire face à la retraite qu'un retraité peu instruit, ressentirait un bien-être supérieur. Cette thèse vise donc à vérifier si le bien-être est proportionnel au niveau de scolarité.

HYPOTHESE 4B

Selon la littérature, un retraité bien nanti a davantage de contrôle sur sa vie qu'un retraité plus restreint financièrement. Nous croyons que le revenu devrait influencer positivement le bien-être des retraités.

5.4.5 Les caractéristiques géographiques

Dernière grande hypothèse, les caractéristiques géographiques se divisent en deux : le milieu (central ou périphérique) et la mobilité. Nous opposerons ainsi le centre et la périphérie décrits au chapitre 4. La mobilité est fortement liée aux réseaux puisqu'elle agrandit le territoire à visiter et augmente le nombre de personnes côtoyées. La tendance actuelle est que les personnes âgées s'installent dans les centres où le transport en commun et les ressources sont diversifiées et faciles d'accès. Bien que la littérature soit presque silencieuse à leur sujet, les facteurs géographiques devraient influencer le bien-être des retraités, car l'adaptation à la retraite ne serait pas vécue partout de la même façon.

HYPOTHESE 5A

Il y a une nette différence entre le milieu central et le milieu périphérique, surtout à cause des valeurs qui y sont véhiculées. En nous basant sur ces valeurs et sur la disponibilité des services, nous avons voulu pousser l'étude du bien-être selon le milieu, surtout en ce qui a trait à effet de la retraite sur la perception des conditions de vie (cadre de vie, relations sociales et accès aux commerces et aux divers services). La retraite devrait donc avoir un effet différent sur le bien-être selon le milieu, favorisant les retraités du milieu urbain.

HYPOTHESE 5B

En poussant notre analyse à une échelle plus fine, nous tenterons de faire ressortir les différentes caractéristiques des quartiers de la CUO par leur effet sur le bien-être des retraités selon leur lieu de résidence au sein de la nouvelle ville de Gatineau. Nous pensons que les retraités des banlieues devraient éprouver un bien-être supérieur à celui des retraités des quartiers périurbains ou même centraux, puisque les quartiers de banlieue combinent les services à la tranquillité.

HYPOTHESE 5C

Comme elle facilite l'accès aux services et aux ressources, nous présumons que la possession d'une voiture favorise positivement le bien-être des retraités.

HYPOTHESE 5D

Explorant la mobilité comme facteur influent du bien-être, nous supposons que les retraités ayant effectué des voyages au cours de la dernière année éprouvent un bien-être supérieur à celui des autres retraités.

HYPOTHESE 5E

L'état de santé, mesuré ici par deux indicateurs, est abondamment traité dans la littérature. En fait, la santé est associée à la mobilité puisqu'elle permettrait un lien privilégié entre une personne et son environnement ; le rapport au milieu change lorsque la santé ne permet plus de se déplacer. Nous pouvons formuler l'hypothèse suivante : le bien-être des retraités est directement proportionnel à leur état de santé.

5.5 CONCLUSION

Ce chapitre nous a permis de faire ressortir les points communs des deux modèles théoriques et de pouvoir les regrouper en un seul, le modèle environnemental du bien-être intégrant la retraite comme un processus d'adaptation. Ce modèle, combiné à une importante littérature, nous a permis de formuler une problématique propre à la région de l'Outaouais.

Insistant sur plusieurs composantes du modèle, la problématique nous prépare aux cinq grands types d'hypothèses. Ces hypothèses veulent faire ressortir l'effet de quatre variables du modèle (facteur temps de la retraite, capital social, capital humain et caractéristiques géographiques), en plus de l'effet de la variable sexe qui est abondamment traité dans les écrits sur la retraite. D'ailleurs, les caractéristiques géographiques du modèle ont donné naissance aux hypothèses sur l'effet du milieu et de la mobilité sur le bien-être des retraités, contribution plutôt faible dans la littérature. La vérification des hypothèses s'avère importante puisque cette recherche sur la retraite est la première de ce genre en Outaouais.

À l'aide des précédentes hypothèses, nous tenterons donc de vérifier l'effet de la retraite sur le bien-être des répondants en plus d'identifier les variables influençant le bien-être des retraités en Outaouais.

CHAPITRE 6

LA METHODOLOGIE

Le présent chapitre comprend quatre sections. La première porte sur le questionnaire utilisé, la deuxième présente la méthode utilisée pour la collecte des données, tandis que la troisième explique les stratégies retenues pour leur analyse ; elle inclut la description des liens recherchés entre les variables ainsi que les méthodes statistiques employées. Enfin, la quatrième section présente les tests statistiques utilisés.

6.1 LA SOURCE DES DONNEES

Il existe différents types de questionnaire. Nous les évoquerons brièvement avant de nous attarder à la composition même du questionnaire utilisé et à son évaluation par un pré-test. Puis, nous présenterons l'information souhaitée concernant la retraite, pour discuter ensuite de la difficulté à la mesurer, compte tenu des multiples définitions possibles.

6.1.1 Les enquêtes par questionnaire

Habituellement, les enquêtes par questionnaire visent à recueillir trois catégories de données : premièrement, **des faits objectifs** concernant les caractéristiques personnelles des personnes interrogées (âge, degré de scolarité, niveau de revenu, etc.), leur environnement (habitat, milieu de travail, etc.) et le domaine de leur comportement (budget-temps) ; deuxièmement, **des jugements subjectifs** sur des faits, des idées, des évènements, des attitudes (grandes options de société, valeurs morales, etc.) des motivations, des attentes ou des aspirations ; troisièmement, **des cognitions**, c'est-à-dire des indices du niveau de connaissance de certains objets étudiés par l'enquête (JAVEAU, 1982, p. 28). Notre questionnaire visait à obtenir des informations des deux premiers types, soit des faits objectifs et des jugements subjectifs, ces derniers consistant essentiellement en des évaluations de la satisfaction des répondants sur divers éléments de leur environnement.

Le questionnaire se présente comme un document où il faut noter soit des réponses, soit des réactions. On distingue deux sortes de questionnaires : d'abord, les questionnaires **d'administration directe** où le répondant note lui-même ses réponses et les questionnaires **d'administration indirecte** où l'enquêteur note les réponses données par le répondant. Dans le premier cas, on peut également parler d'auto-administration ou d'auto-enregistrement. Il s'agit d'un outil d'enquête fréquemment utilisé dans les trois situations suivantes : si le nombre de personnes à interroger est très élevé et qu'il y a peu d'enquêteurs, si on est certain que les personnes à interroger sont capables de s'exprimer correctement à l'aide d'un questionnaire et si le questionnaire suscite facilement l'intérêt des personnes enquêtées (JAVEAU, 1982, p. 29-30).

Le questionnaire que nous avons développé a été conçu de façon à ce que les répondants notent eux-mêmes leurs réponses. Des directives ont été données à cet effet, ainsi que des exemples sur la manière de répondre aux différentes questions. Cette façon de faire comportait, à notre avis, plusieurs avantages dont le plus important était d'accorder au répondant le temps de réflexion nécessaire pour bien évaluer certaines conditions de son environnement. Cette méthode a aussi été privilégiée puisqu'elle évitait aux répondants de confier directement à des étrangers leurs sentiments au sujet d'aspects plus intimes de leur vie quotidienne, ce qui aurait pu provoquer de la gêne.

Indépendamment du mode d'administration, les questionnaires peuvent comporter plusieurs types de question : questions ouvertes, questions ouvertes déguisées (une question semi fermée où l'on retrouve plus de 80 % des réponses à l'intérieur des choix donnés), questions fermées à une seule variable, questions fermées à plusieurs variables et questions fermées à plusieurs variables et à classement numérique (STAFFORD, 1996, p. 62-66). Un questionnaire, composé surtout de questions fermées, offre plusieurs avantages : il est facile d'analyse, il peut être administré auprès d'une plus grande population et les réponses données sont plus faciles à comparer.

Pour la présente recherche, nous avons utilisé un questionnaire à questions fermées où des choix de réponses restreints permettent d'évaluer le bien-être des personnes et la perception de leur qualité de vie. Pour évaluer la satisfaction des répondants, nous avons donc utilisé surtout le questionnaire à questions fermées, à plusieurs variables et à classement numérique. C'est là une méthode assez courante, alors que pour évaluer les goûts et les préférences, on demande souvent aux gens de répondre selon une échelle de 0 à 5 ou de 0 à 10 (RAO, 2000, p. 5-6). Cette méthode permet d'évaluer et de mesurer la satisfaction d'une personne grâce à l'échelle ordinale, cette dernière étant constituée de classes distinctes dont la présence permet d'établir un ordre à l'intérieur des choix de réponses. L'échelle de satisfaction que nous avons retenue permet de distinguer cinq classes de satisfaction : 1-très insatisfait, 2-insatisfait, 3-neutre, 4-satisfait et 5-très satisfait (CRÊTE et IMBEAU, 1994, p. 90).

6.1.2 Le questionnaire utilisé pour l'enquête

La conception du questionnaire utilisé pour notre recherche a été grandement influencée par le modèle environnemental du bien-être. D'ailleurs bâti de façon à couvrir l'ensemble de ce modèle, il comprend de multiples questions sur les besoins des personnes, sur les ressources dont ils disposent, de même que sur leurs capitaux social et humain. D'abord rédigé en français, ce questionnaire de quinze pages a ensuite été traduit en anglais, étant donné que l'Outaouais compte un pourcentage important d'anglophones.[14] On trouvera en annexe copie de la version française dont la page couverture présente brièvement les objectifs de l'enquête et ses responsables. On donne aussi au verso des directives sur la façon d'y répondre. Enfin, ce questionnaire comprend six parties, dont les cinq premières contiennent des questions fermées, tandis que la sixième comprend une question ouverte visant à recueillir des commentaires supplémentaires sur l'effet de l'environnement sur le bien-être.

---

[14] D'après les données du *Recensement de la population 1996-1991-1986* de l'Institut de la statistique du Québec, en 1996, 79,9 % de la population de l'Outaouais avait le français comme langue maternelle, 15,8 % l'anglais et 4,3 % une autre langue.

La **première partie** du questionnaire, intitulée « *Qui êtes-vous ?* », cherche à tracer un profil général du répondant à l'aide de divers renseignements d'ordre démographique (sexe, âge, statut matrimonial, etc.).

La **deuxième partie** cible le profil socio-économique du répondant. L'objectif est de savoir si la personne est sur le marché du travail ou non, le type d'emploi occupé, le revenu, etc. Deux questions portent sur la retraite : une s'adresse au répondant, l'autre à son conjoint. Chacune de ces questions vise à savoir si le répondant est retraité ou non, le nombre d'années à la retraite ou le nombre d'années séparant les non-retraités de la retraite, le cas échéant. Cette deuxième partie permet d'établir non seulement le portrait socio-économique actuel du répondant, mais aussi ce qui le caractérisait pendant sa vie active, s'il est retraité.

La **troisième partie** s'applique au lieu de résidence de la personne et à sa mobilité. Elle contient des questions sur la durée de résidence dans le logement actuel et dans la municipalité, sur une éventuelle résidence secondaire, sur la possession d'une voiture, sur l'état de santé pouvant nuire à la mobilité, etc. Cette partie vise à recueillir des données de type géographique.

La **quatrième partie** du questionnaire porte sur les besoins et la satisfaction des gens. De loin la plus longue, elle comporte trois grandes sections : une première porte sur le cadre de vie, une deuxième sur les relations sociales, alors que la troisième traite de l'accès aux biens et aux services. Les questions touchent donc au logement, au voisinage, à la qualité des services publics disponibles, aux interactions avec les autres, au support de l'entourage, à l'implication dans la communauté, à l'accès aux ressources de base, aux services sociaux et de santé ainsi qu'à l'accès aux loisirs et à la culture. Nous demandons aux répondants d'évaluer leur satisfaction face à tout un ensemble d'éléments reliés à différents aspects de leur environnement et d'en déterminer l'importance pour eux. Aussi doivent-ils identifier les lieux concernés par les différents types de relations sociales évoquées, ainsi que les endroits où ils se rendent le plus souvent pour obtenir les biens et les services auxquels le questionnaire fait référence.

À l'intérieur de la **cinquième partie**, nous invitons les répondants à évaluer leurs conditions de vie dans le temps et par rapport à leurs proches. Cette partie du questionnaire permet ainsi de connaître l'évaluation qu'ils font de leurs propres conditions de vie en comparaison de leur famille, de leurs voisins et de leurs amis. Notre recherche s'est appuyée surtout sur cette partie, qui a permis de recueillir une évaluation globale des conditions de vie des répondants.

Finalement, la **sixième partie** sert à recueillir des commentaires supplémentaires sur les éléments de l'environnement susceptibles d'améliorer ou de nuire au bien-être des répondants.

6.1.3 Le pré-test

En mai 2001, dans la municipalité de Cantley, nous avons effectué un pré-test dans le but de «tester» notre questionnaire et de vérifier la capacité des personnes âgées de le compléter elles-mêmes. Diverses raisons expliquent le choix de Cantley. Nous les verrons rapidement dans cette section, mais pour plus de détails, la consultation du rapport sur le pré-test[15] est requise. Le caractère périurbain de cette municipalité a été le premier facteur, le pré-test nous permettant ainsi de rejoindre une population diversifiée, tant au plan des modes de vie qu'au plan des valeurs : plus urbaine dans la section sud, plus rurale, voire même agricole dans sa section nord. Cantley réunit de ce fait plusieurs types d'environnement et, grâce au pré-test, nous étions en mesure de vérifier si les questions de l'enquête se prêtaient bien à l'évaluation de ces divers types d'environnement retrouvés à l'échelle de l'ensemble de la région. Cantley accueillant une population relativement variée au plan socio-économique, ce choix devait nous permettre de mesurer l'intérêt des personnes âgées, certaines moins bien nanties, à participer à la recherche et de vérifier si notre questionnaire leur était accessible. Nous avons donc distribué une vingtaine de questionnaires dans différents secteurs de Cantley ; quinze ont été récupérés, tous remplis. A notre avis, le pré-test s'est avéré très concluant.

---

[15] OUELLETTE-TREMBLAY, Zachary et Anouk SAINT-GERMAIN (2001). *Rapport du pré-test de l'enquête* pour le projet *Iniquités géographiques et bien-être : la population âgée de l'Outaouais*, Rapport de recherche n° 5, Département de géographie, Université d'Ottawa.

6.1.4 L'information sur la retraite

Le questionnaire comprend deux questions sur la retraite. La première vérifie si le répondant et le conjoint sont retraités ou non. La seconde vise à mesurer, selon le cas, le nombre d'années passées à la retraite pour le répondant et son conjoint, sinon, le nombre d'années à venir pour chacun avant la retraite. Le terme «retraite» n'étant pas interprété de la même manière par tous, il faut considérer les réponses obtenues pour chacune de ces questions comme traduisant l'opinion des répondants par rapport à leur statut plus que reflétant une définition opérationnelle.

Comme nous l'avons vu précédemment, on peut définir le terme «retraite» de plusieurs façons. La définition choisie, qui est celle donnée par les répondants, est donc subjective. De plus, le concept de retraite pose des difficultés supplémentaires chez les femmes car plusieurs d'entre elles, âgées de 55 à 75 ans, n'ont jamais été sur le marché du travail et ne peuvent donc pas, dans les faits, avoir pris leur retraite. Pourtant, elles sont nombreuses à se dire à la retraite, surtout lorsque leur mari a lui-même pris sa retraite. Il faut reconnaître que cet événement a eu des conséquences importantes sur leurs conditions de vie et c'est là une réalité que notre enquête a voulu examiner de près.

D'ailleurs, Statistique Canada souligne ces ambiguïtés dans sa définition de la retraite.

> Le concept de retraite est ambigu. En général, on pourrait dire qu'il s'applique aux personnes âgées qui ont quitté le marché du travail avec l'idée de ne pas y retourner et l'intention de vivre des revenus de leurs investissements ou de leur régime de retraite. D'autres encore soutiendront que la retraite est un état d'esprit qui n'a rien à voir avec la source de revenu ou avec le fait d'avoir quitté le marché du travail.
>
> Le puriste pourrait dire qu'une personne doit avoir été sur le marché du travail pendant un certain temps pour prendre sa retraite. Par ailleurs, toujours selon l'usage courant, on considérait probablement comme « retraitée » une veuve de soixante-quinze ans qui vit de la pension de son mari, même si elle n'a jamais été sur le marché du travail.
>
> Il est douteux qu'une simple question comme «Êtes-vous à la retraite?» donnerait une réponse objective et non ambiguë. En fait, on pourrait avoir besoin d'une multitude de questions pour obtenir des données utiles. Règle générale, cette approche n'est pas réaliste puisqu'on ne pourrait pas ajouter ces questions à de nombreuses enquêtes existantes ou obtenir les données de sources administratives sans imposer un fardeau plus lourd au répondant et débourser des coûts supplémentaires.
> (http://www.statcan.ca/francais/concepts/definitions/retirement_f.htm)

Nous avons fait face au même dilemme pour notre enquête. Comme Statistique Canada, nous avons finalement opté pour une seule question, malgré les limites que cela posait et parce que cette façon de faire nous a semblé la meilleure pour évaluer les conditions de vie telles que perçues par les répondants.

6.2 LA COLLECTE DES DONNEES

Les données ont été recueillies dans le cadre d'une vaste enquête menée à l'été 2001. Nous évoquerons les principaux éléments de la méthodologie utilisée, et plus particulièrement : la base d'échantillonnage, où nous rappelons notre objectif quant au nombre de répondants à rejoindre, l'administration du questionnaire, où nous présentons en détail la stratégie de la collecte des données et, enfin, le bilan de cette collecte, en précisant le nombre de maisons visitées et le nombre de personnes rejointes.

6.2.1 La base d'échantillonnage

L'échantillonnage visait à établir un échantillon représentatif de la population âgée de l'Outaouais, tout en assurant un équilibre entre le milieu central et le milieu périphérique. La **taille de l'échantillon** visé pour l'enquête a été fixée à 600 personnes, devant être réparties également entre les villes de la CUO et les villes et villages du milieu périphérique de l'Outaouais sélectionnés aux fins de l'étude. L'objectif a été de rejoindre 10 % des 55-75 ans des villes de l'Outaouais périphérique, alors que l'échantillon visé pour le milieu métropolitain correspondait à 1 % de cette population.

Le nombre total de personnes visées dans chacun des sept centres de services du milieu périphérique faisant l'objet de notre enquête apparaît au tableau 13. Maniwaki et Thurso forment la moitié de l'échantillon car leurs populations sont plus nombreuses tandis que le reste se répartit assez également entre les autres villes.

Tableau 13 : Échantillon visé des villes du milieu périphérique

Villes et villages	Personnes âgées de 55 à 75 ans	Échantillon visé 10 %
Maniwaki	940	94
Thurso	505	51
Shawville	370	36
Papineauville	285	29
Fort-Coulonge	275	28
Saint-André-Avellin	270	29
Montebello	265	27
TOTAL	**2910**	**294**

Source : OUELLETTE-TREMBLAY, Zachary, Anouk SAINT-GERMAIN et Anne GILBERT (2001). *Méthodologie de l'enquête* du projet *Iniquités géographiques et bien-être : la population âgée de l'Outaouais*, Rapport de recherche n° 6, Département de géographie, Université d'Ottawa, p. 14.

La répartition des répondants au sein du territoire de ces villes devait se conformer à celle de la population âgée de 55 à 75 ans à l'échelle des secteurs de dénombrement ; l'objectif était de rejoindre 10 % de cette population dans chaque secteur dénombré des villes étudiées.

Dans les municipalités de la CUO, la procédure suivie a été légèrement différente. Plutôt que de viser 1 % des personnes âgées, conformément à leur répartition au sein des secteurs de recensement, nous avons, pour des raisons pratiques, limité l'enquête à certains secteurs choisis dans chacune des cinq villes de cette agglomération. Ainsi, quinze secteurs de recensement ont été retenus ; l'objectif était de rejoindre 10 % des 55 à 75 ans, totalisant environ 300 personnes, soit un peu plus de 1 % de cette population (Tableau 14).

Tableau 14 : Échantillon visé pour les villes de la CUO

Villes	Personnes âgées de 55 à 75 ans	Secteurs de recensement	Échantillon visé 1 %
Gatineau	11 150	5	120
Hull	9 750	5	105
Aylmer	3 925	3	43
Buckingham	1 575	1	15
Masson-Angers	750	1	11
TOTAL	**27 150**	**15**	**294**

Source : OUELLETTE-TREMBLAY, Zachary, Anouk SAINT-GERMAIN et Anne GILBERT (2001). *Méthodologie de l'enquête* du projet *Iniquités géographiques et bien-être : la population âgée de l'Outaouais*, Rapport de recherche n° 6, Département de géographie, Université d'Ottawa, p. 15.

Deux critères ont primé quant au choix des secteurs de recensement : d'abord, le nombre de personnes de 55 à 75 ans dans le secteur devait être assez élevé pour que l'échantillon formé par 1 % de cette population soit de taille suffisante; ensuite, la proportion des 55 à 75 ans devait aussi être assez grande pour que nous puissions aisément les rejoindre au moment de l'enquête. Par ailleurs, nous avons retenu des secteurs différents aux plans socio-économique et ethnolinguistique afin d'assurer la plus grande représentativité possible des situations vécues par les personnes âgées à l'échelle de la région. Aussi, afin d'assurer un **échantillon représentatif**, des résidences ont été sélectionnées au hasard dans chacun des secteurs de recensement. Nous les avons visitées tour à tour, jusqu'à ce que nous ayons atteint un nombre suffisant de personnes de 55 à 75 ans prêtes à participer à l'enquête[16]. Une seule personne par résidence a été invitée à y participer. Ayant toujours comme objectif la plus grande représentativité possible de l'échantillon, nous avons apporté une attention particulière au choix des résidences afin qu'il reflète le plus possible la diversité de l'habitat au sein du secteur (densité, type de logement, année de construction, taille et entretien, etc.).

6.2.2 L'administration du questionnaire

Après mûre réflexion, il nous est apparu que le face à face, tout en nous permettant de bien expliquer aux répondants les objectifs de notre étude et les modalités envisagées pour le traitement de l'information, serait beaucoup plus efficace que tout autre type d'enquête. C'est donc la stratégie de collecte d'information que nous avons retenue. Essentiellement, le contact direct nous a semblé mieux convenir aux personnes âgées, souvent moins à l'aise que les plus jeunes avec des questionnaires. De plus, il fallait rassurer les répondants quant à l'utilisation des informations recueillies.

Pour la collecte des données dans les villes sélectionnées de l'Outaouais, nous avons choisi la méthode du porte à porte. Évidemment, cela comportait certains **risques** relatifs à l'impression donnée lors du premier contact avec les résidents. Par exemple, si l'enquêté ne comprenait pas l'enquêteur, il ne serait pas encouragé à participer à

---

[16] Selon les milieux, nous avons distribué de 10 à 15 % de questionnaires de plus que l'objectif visé.

l'enquête. Il fallait donc s'adapter aux personnes visitées, tant sur le plan de la langue utilisée que du vocabulaire, pour établir le meilleur contact possible. Comme les enquêteurs connaissaient bien le projet et qu'ils avaient développé des façons d'aborder et de mettre en confiance les répondants potentiels, les choses se sont bien passées.

Nous avons effectué **la distribution et la collecte des questionnaires** en deux temps. D'abord, lors de notre première visite à domicile, nous avons laissé les questionnaires aux personnes qui acceptaient de participer à l'enquête et nous les avons récupérés le lendemain. La très grande majorité des répondants avaient dûment rempli le questionnaire lorsque nous allions le chercher, mais certains répondants ont demandé notre aide pour le finaliser. La plupart des questionnaires remplis nous ont été remis en mains propres. Toutefois, à notre suggestion, un bon nombre de répondants avaient laissé le questionnaire bien en vue, soit à la porte ou dans leur boîte aux lettres. L'enquête a été réalisée par des équipes de deux personnes, entre 11 h et 19 h du lundi au vendredi, du début juin au début juillet 2001. Occasionnellement, la collecte s'effectuait en avant-midi, afin de maximiser notre temps de travail, et quelquefois le samedi lorsque la distribution avait été faite le vendredi.

6.2.3 Le bilan de la collecte des données

Le bilan du nombre de **résidences visitées** dans les villages et les villes de l'Outaouais rural (milieu périphérique), présenté au tableau suivant, indique que nous avons visité plus de 1 790 résidences. Nous avons rencontré 1 002 occupants, soit un pourcentage de réponse de 54,3 %. Dans plus de la moitié des cas, nous n'avons pas rencontré de résidents de 55 à 75 ans[17], tandis que 123 occupants ont refusé de répondre. Au moins un occupant de chacune des 316 autres résidences a accepté de répondre au questionnaire. S'ajoutent à ces derniers les 56 questionnaires distribués à Saint-André-Avellin et dans un secteur de Maniwaki, ce qui porte à 372 le total des questionnaires distribués dans l'Outaouais rural.

---

[17] Il est important de mentionner que certaines personnes peuvent avoir affirmé ne pas être âgée entre 55 et 75 ans pour ne pas avoir à refuser explicitement de participer à l'enquête.

Tableau 15 : Bilan, par milieu, de la collecte des données

Milieux	Maisons visitées et distribution des questionnaires						
	Nombre de maisons visitées	Nombre de réponses	Taux de réponse	Aucun 55-75 ans		Refus	Questionnaires distribués
Périphérique*	1 790	973	**54,30 %**	534		123	372
Central	2 086	1 021	**48,90 %**	535		156	330

* À l'exception de Saint-André-Avellin et d'un secteur de Maniwaki.

Dans les villes faisant partie de la CUO, le nombre de résidences visitées atteint les 2 086, le nombre de réponses atteint 1 021, soit un taux de participation légèrement plus bas que pour le milieu rural. Dans 535 de ces résidences, aucun répondant n'appartenait à notre population cible. Nous avons essuyé 156 refus, pour un total de 330 questionnaires distribués.

Sur les 372 questionnaires laissés aux personnes habitant les secteurs ruraux, 295 ont été recueillis, soit un taux de retour de 79,3 %. Des 330 questionnaires laissés dans les secteurs urbains, 269 ont été retournés, le taux de retour étant ici légèrement supérieur (81,5 %). Le tableau 16 compare les résultats obtenus aux objectifs de départ, en ce qui a trait à la taille de l'échantillon et, comme on peut le constater, ils sont excellents.

Tableau 16 : Objectifs et résultats quant à l'échantillon

Milieux	Bilan		
	Objectifs	Questionnaires recueillis	%
Périphérique	294	295	**100 %**
Central	294	269	**91.50 %**
TOTAL	**588**	**564**	

On peut apporter plusieurs **commentaires** quant à la stratégie de la collecte des données. Comme l'enquête a commencé au début de juin 2001, pour se terminer dans la première semaine de juillet de la même année, il est probable que le **temps de l'année** ait influencé nos résultats pour la collecte de l'information. Le fait que plusieurs personnes prennent des vacances assez tôt en été et qu'ils quittent leur domicile peut avoir eu un effet, notamment à Hull, dernière ville ayant fait l'objet de notre enquête.

Tout au long de cette période, il semble que la température aussi ait eu un impact. Lorsqu'il y avait une belle journée chaude et ensoleillée, il était plus difficile de rejoindre les occupants des résidences visées par l'enquête. Ce problème a davantage été ressenti en milieu métropolitain, où plus de gens profitent des belles journées pour sortir.

L'enquête a souvent été difficile dans les **immeubles d'appartements**, où l'**accès** des visiteurs est considérablement réduit. Les écriteaux «Pas de colporteurs» ont été un autre facteur qui a limité notre accès aux occupants de ces résidences. Au cours des deux premières semaines de l'enquête, nous avons évité les endroits où on affichait de tels écriteaux. Par la suite, nous avons découvert que les personnes habitant ces immeubles étaient rarement dérangées par notre visite et qu'elles étaient, dans la plupart des cas, réceptives à l'idée de participer à notre enquête.

Les populations des secteurs plus favorisés au plan socio-économique ont été, dans l'ensemble, plus réceptives à notre enquête. Nous leur avons expliqué les buts de la recherche et présenté le questionnaire. Toutefois, dans des secteurs moins favorisés, plusieurs répondants potentiels ont été plus hésitants : certains disaient avoir un emploi du temps chargé au lieu d'avouer tout simplement qu'ils ne voulaient pas participer à une telle enquête. Le taux de participation plus faible ayant été observé dans les secteurs moins favorisés, on a donc noté un **certain effet du milieu**.

6.3 LES STRATEGIES D'ANALYSE

L'analyse s'est faite en différentes étapes. Dans un premier temps, nous décrirons brièvement celles que nous avons retenues lors de la conception de la base de données, dans le but de présenter les concepts et de souligner les variables importantes. Puis, nous présenterons les variables à l'aide d'un modèle décrivant le cheminement de l'analyse qui se fera en deux parties. Les variables choisies appartiennent à l'une ou l'autre des cinq catégories suivantes : la retraite et le temps, le sexe, le capital social, le capital humain ainsi que les caractéristiques géographiques. Pour terminer, nous évoquerons la stratégie de présentation des données.

6.3.1 L'organisation des données

Après une première compilation, nous avons d'abord entré les données brutes dans un fichier Quattro Pro. Par la suite, ce fichier a été copié dans un document afin d'en faire l'analyse à l'aide du logiciel SPSS[18], logiciel utilisé pour identifier les relations ou liens recherchés entre le bien-être et la retraite. M. André Langlois, directeur du projet, a créé un premier programme, nommé ENQUÊTE, visant à corriger les données originales (enquete.sav) en éliminant les incohérences trouvées dans les réponses. Ce document de syntaxe a permis d'effectuer un premier codage des données brutes et d'obtenir un document de données corrigées (enq_corr). Après cette première révision, M. Langlois a créé un second programme, (Analyse_Enquete) qui analyse les données du fichier enq_corr. Chaque membre de l'équipe pouvait y apporter des modifications selon ses objectifs de recherche.

Tel que mentionné précédemment, nous avons analysé les données à l'aide du logiciel SPSS dont la base de données se divise en deux pages. À la première page, "Date View", nous retrouvons chacune des variables des questionnaires numérotés de 1 à 564, ainsi que les réponses aux questions (q) de l'enquête, numérotées de 1 à 47. Puis, à la seconde page, "Variable View", on donne l'étiquette des variables, le nombre de réponses et les catégories de réponses possibles. En regardant le tableau ci-dessous, nous remarquons que certaines catégories de réponses ont été regroupées puisque les possibilités de réponses étaient trop nombreuses pour déceler facilement les tendances.

---

[18] SPSS : *Statistical Package for the Social Science*

Tableau 17 : Tableur SPSS "Dependant Variable View" : variables choisies

Variables dépendantes	Étiquettes	Catégories
q43	Satisfaction à l'endroit du/des	
a2	Logement	0=pas de réponse, 3=passable, 4=grande, 5=très grande
b2	Voisinage	0=pas de réponse, 3=passable, 4=grande, 5=très grande
c2	Services publics	0=pas de réponse, 3=passable, 4=grande, 5=très grande
d2	Interactions avec les autres	0=pas de réponse, 3=passable, 4=grande, 5=très grande
e2	Support de l'entourage	0=pas de réponse, 3=passable, 4=grande, 5=très grande
f2	Implication dans la communauté	0=pas de réponse, 3=passable, 4=grande, 5=très grande
g2	Accès aux ressources de base	0=pas de réponse, 3=passable, 4=grande, 5=très grande
h2	Accès aux services de santé et sociaux	0=pas de réponse, 3=passable, 4=grande, 5=très grande
i2	Accès aux loisirs et à la culture	0=pas de réponse, 3=passable, 4=grande, 5=très grande
q45	Évaluation globale du bien-être	0=pas de réponse, 3=passable, 4=grande, 5=très grande

Il est à noter que nous sommes passés des cinq catégories de réponses originales à trois grandes catégories regroupées, étant donné que nous avons regroupé les catégories 1, 2 et 3 (1=aucune, 2=faible, 3=passable) dans la catégorie « passable », compte tenu du très faible nombre de réponses dans les deux premiers cas. Une description détaillée des variables dépendantes sera faite plus loin.

Tableau 18 : Tableur SPSS "Independant Variable View" : variables choisies

Variables indépendantes	Étiquettes	Catégories
Muni et code	Municipalité	1=Aylmer, 2=Buckingham, 3=Masson-Angers, 4=Gatineau, 5=Hull, 6=Fort-Coulonge, 7=Maniwaki, 8=Montebello, 9=Papineauville, 10=Saint-André-Avelin, 11=Shawville, 12=Thurso
Facteur temps de la retraite		
q16a	Retraite	0=pas de réponse, 1=retraité, 2=non-retraité
q16b	Temps depuis la retraite	0=pas de réponse, 1=- de 2 ans, 2=2 à 5 ans, 3=+ de 5 ans
q16c	Temps avant la retraite	0=pas de réponse, 1=- de 2 ans, 2=2 à 5 ans, 3=+ de 5 ans
Sexe		
q1	Sexe	0=pas de réponse, 1=femme, 2=homme
Capital humain		
q18	Niveau de scolarité	0=pas de réponse, 1=primaire, 2=secondaire, 3=collégial, 4=universitaire
q19	Revenu familial	0=pas de réponse, 1=29,999 $ et -, 2=30,000 $ à 59,999 $, 3=60,000 $ et +
Capital social		
q5	État matrimonial	0=pas de réponse, 1=célibataire, 2=marié/union libre, 3=veuf, 4=divorcé/séparé
q24	Durée d'occupation du logement	0=pas de réponse, 1=2 ans et -, 2=2 à 5 ans, 3=+ de 5 ans, 4=+ de 10 ans
Caractéristiques géographiques		
milieu	Milieu	1=central, 2=périphérique
quartier	Quartier	1=central, 2=de banlieue, 3=périurbain
q28a	Voyages au cours des 12 derniers mois	0=pas de réponse, 1=oui, 2=non
q30	Possession d'une voiture	0=pas de réponse, 1=oui, 2=non
q32	Problèmes de santé limitant la mobilité du répondant	0=pas de réponse, 1=non, 2=rarement, 3=quelquefois, 4=souvent, 5=toujours
q33	Évaluation globale de la santé du répondant	0=pas de réponse, 1=excellente, 2=très bonne, 3=bonne, 4=passable, 5=mauvaise

100

Les variables indépendantes, que nous avons utilisées, se regroupent sous cinq rubriques : le statut (q16a et q17a) et le nombre d'années depuis ou avant la retraite (q16b et q16c), le sexe (q1), le capital humain (q18 et q19), le capital social (q5, q24 et q25) et les caractéristiques géographiques (q28a, q30, q32, q33, milieu et quartiers). Ces cinq ensembles de variables seront mis en relation avec les variables dépendantes présentées ci-dessous.

6.3.2 La logique suivie pour l'analyse des données

Avant d'examiner les variables, il est important de connaître la logique suivie dans le processus d'analyse afin de mieux comprendre ce que nous cherchons à prouver, soit le lien entre le bien-être et la retraite. Cherchant à évaluer l'effet de la retraite sur le bien-être, le modèle reproduit à la figure suivante présente les deux étapes de l'analyse, lesquelles seront identifiées par deux types de liens (flèches) différents.

Une première analyse s'intéressera au bien-être (q45) de l'ensemble des répondants de l'échantillon en fonction de leur situation par rapport à la retraite (q16a), puis en fonction du nombre d'années à la retraite (q16b) ou avant celle-ci (q16c). Afin de voir si nous pouvons déceler des particularités à un niveau plus fin d'analyse, nous regarderons comment les répondants évaluent certaines de leurs conditions de vie (q43).

Après avoir comparé les retraités et les non-retraités, nous nous concentrerons strictement sur les retraités. Ainsi, le bien-être et la satisfaction à l'endroit des conditions de vie des retraités (variables dépendantes) seront croisés aux variables indépendantes, identifiées précédemment mais décrites subséquemment, qui s'intègrent au modèle environnemental du bien-être des retraités. Nous voulons principalement cerner l'effet du sexe (q1), des capitaux social (q5, q24 et q25) et humain (q18 et q19) et des caractéristiques géographiques (milieu, quartier, q28a, q30, q32, q33) sur le bien-être des retraités. On peut visualiser la logique suivie dans le modèle illustré à la figure 8 dans lequel les variables dépendantes et indépendantes sont regroupées dans deux cadres en pointillé.

La première étape du modèle est représentée par les traits et les flèches les plus minces, en bordure du modèle. La seconde, qui ne concerne que l'échantillon des retraités, est représentée par un trait gras situé plus à l'intérieur du modèle ; elle montre les questions qui feront l'objet d'une analyse plus fine.

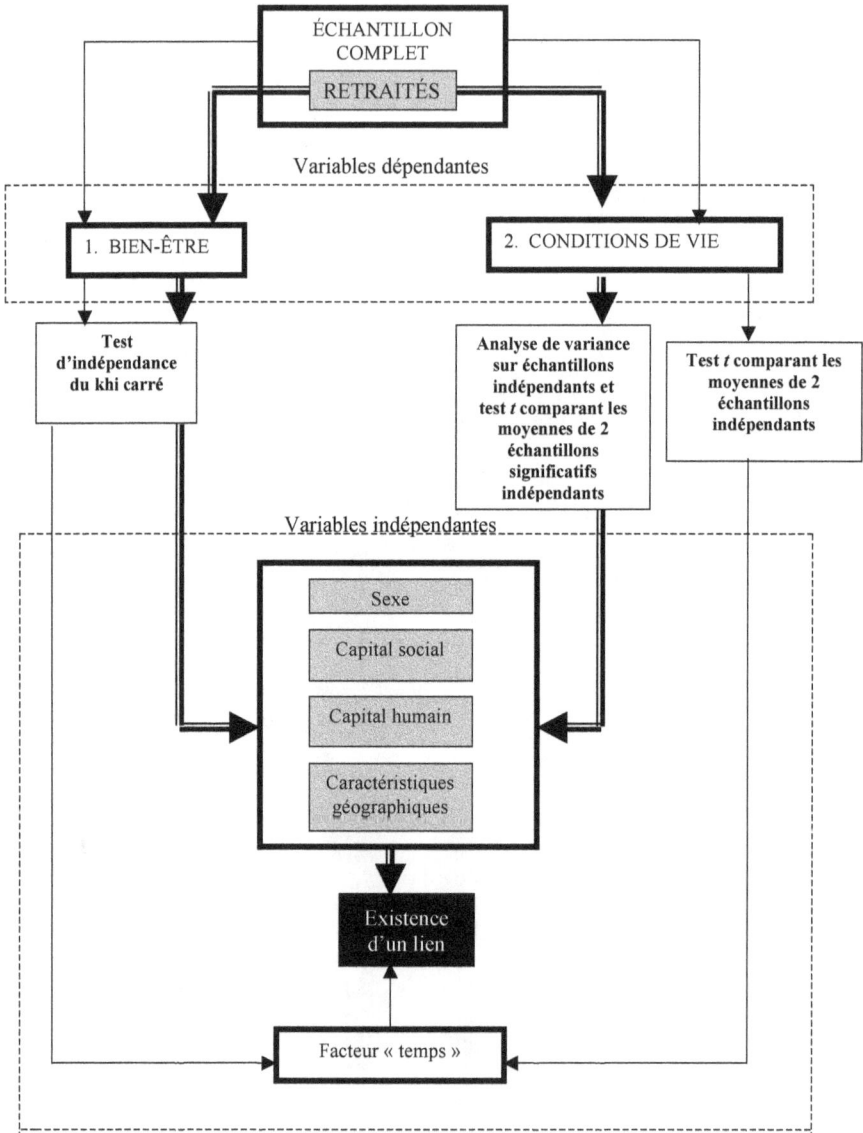

Figure 7 : Modèle des liens établis entre les variables et les tests statistiques

6.3.3 Les variables dépendantes

De multiples questions touchent au bien-être des participants à l'enquête, mais seulement deux d'entre elles ont été retenues : q43 et q45. La question 43 vérifie la satisfaction des répondants à l'endroit de leurs conditions de vie dans le temps (nous nous concentrons sur les conditions de vie actuelles) alors que la question 45, pour sa part, évalue le bien-être général des répondants. Il est important de mentionner qu'au départ, la satisfaction mesurée par ces deux questions comportait une échelle commune de 1 (aucune satisfaction) à 5 (très grande satisfaction). Nous avons gardé cette même échelle pour la question 43, mais pour la question 45, nous avons regroupé les trois premières catégories de satisfaction (soit aucune, faible et passable) dans la catégorie «passable» afin de faire mieux ressortir les différences de bien-être entre les retraités et les non-retraités, compte tenu du faible nombre de réponses dans les deux premières catégories. Le traitement parallèle de ces deux variables dépendantes devrait nous informer davantage sur le bien-être des répondants et leur analyse se fera en deux étapes. Dans un premier temps, nous considérerons l'échantillon complet avant de nous concentrer uniquement sur le bien-être des retraités de l'échantillon.

6.3.4 1re étape : l'effet de la retraite, mesuré à l'aide de l'échantillon complet

Cette première étape, considérant l'échantillon entier, se concentre sur l'effet de la retraite et sur l'analyse du facteur « temps » pour déceler son effet sur le bien-être des répondants.   Ainsi, nous tenterons d'associer les phases d'Atchley (1976) aux fluctuations, s'il y en a, du bien-être des répondants.

La question 16a nous permettra de comparer le bien-être et les conditions de vie des non-retraités au bien-être et aux conditions de vie des retraités. Elle permettra donc de mesurer l'effet de la **retraite**. Par la suite, nous considérerons le **temps,** exprimé en années, avant et depuis la retraite. Ces variables indépendantes nous permettront de vérifier l'applicabilité du modèle d'Atchley en ce qui concerne la satisfaction des conditions de vie et du bien-être général. L'analyse du facteur temps s'effectuera à partir des questions 16b (le nombre d'années écoulées depuis la retraite) et 16c (le nombre d'années séparant quelqu'un de la retraite). Nous avons réduit à deux les trois catégories initiales du nombre d'années avant la retraite, compte tenu du faible nombre de réponses tombant dans les deux premières catégories.

6.3.5 *2ᵉ étape : l'effet des caractéristiques personnelles et géographiques mesuré sur l'échantillon des retraités*

La deuxième étape se concentre strictement sur les retraités afin de faire ressortir toute influence provenant de facteurs autres que la retraite. En d'autres mots, nous cherchons à découvrir lequel, entre le sexe, le capital social, le capital humain et les caractéristiques géographiques, a une incidence sur le bien-être des retraités. Ces variables sont indépendantes, mais quelques-unes sont en corrélation, comme, par exemple, le revenu qui est fortement influencé par le niveau d'instruction. Les variables dépendantes (q43 et q45) seront croisées avec les différentes variables indépendantes identifiées ci-dessous et abondamment traitées dans la littérature, tout en s'insérant dans le modèle environnemental du bien-être, adapté aux retraités. Nous souhaitons pouvoir ainsi identifier les conditions favorisant le meilleur bien-être possible pour un retraité.

En fait, la première variable indépendante que nous analyserons est le **sexe** des retraités. Nous croiserons donc le bien-être des retraités avec le sexe (q1) pour déterminer si le bien-être ou les conditions de vie sont plus avantageuses pour les femmes ou pour les hommes.

Le **capital social** regroupe deux variables qui seraient susceptibles d'influencer les relations des retraités dans leur communauté. On retrouve les variables indépendantes du statut matrimonial (q5) et de la durée d'occupation du logement actuel (q24). Par ces croisements, nous tenterons de découvrir si le bien-être des retraités est modifié par leur capital social.

Le **capital humain** regroupe deux variables, à savoir le plus haut niveau de scolarité (q18) et le revenu familial total (q19). Avec ses quatre catégories, la scolarité se croise très bien avec le bien-être. On ne peut en dire autant du revenu familial avec ses neuf catégories initiales. Elles ont donc été réduites à trois, afin de faire mieux ressortir toute tendance ou lien entre le bien-être des retraités et leur capital humain. Selon la littérature, ce dernier devrait avoir une très grande influence sur les retraités.

Finalement, les dernières variables indépendantes sont les **caractéristiques géographiques** qui se divisent en deux : le milieu et la mobilité. Tout d'abord, dans cette étude, le milieu est examiné par rapport à son caractère (central ou périphérique) et par rapport au type de quartier (central, de banlieue et périurbain). Les quartiers ont été classés selon leur distance au centre-ville de la nouvelle ville de Gatineau et selon la disponibilité des services. Les quartiers centraux comprennent les cinq quartiers de Hull et deux quartiers de Gatineau (Riviera et Pointe-Gatineau/Le Coteau), les quartiers de banlieue regroupent les trois quartiers d'Aylmer (Lucerne, McConnell et Wychwood) et trois quartiers de Gatineau situés au nord du boulevard Saint-René et à l'est de la Montée Paiement (Templeton, Templeton-Ouest et quartier X) et les quartiers périurbains regroupent Masson-Angers et Buckingham. Puis, la mobilité se définit par la possibilité de se déplacer dans l'environnement, ce qui permet d'agrandir et de diversifier son réseau de relations. Nous y retrouvons, comme variables indépendantes, les voyages effectués au cours de la dernière année (q28a), la possession d'une voiture dans le ménage (q30), ainsi que l'état de santé général (q33) et les problèmes de santé pouvant limiter la mobilité (q32).

6.4 LES TESTS STATISTIQUES

Les tests statistiques choisis veulent vérifier si l'effet des variables indépendantes sur les variables dépendantes que sont le bien-être et la satisfaction à l'endroit de neuf conditions de vie, est dû ou non au hasard, en évaluant la force des liens entre ces variables. Nous décrirons brièvement les tests statistiques utilisés et nous soulignerons quelques-uns de leurs avantages et/ou limites, afin de mettre en lumière la portée de l'analyse.

6.4.1 La sélection des tests statistiques

Afin de faire ressortir l'intensité du lien entre ces variables, nous avons choisi quatre tests différents. Nous avons fait notre choix en fonction de l'échantillon et de sa distribution, du type de données et des hypothèses à vérifier. Mais avant toute chose, nous devons souligner que les échantillons des retraités sont indépendants et ont tous une distribution à peu près normale, comme on peut le voir sur les graphiques suivants.

Graphique 1 : Distribution des retraités selon la satisfaction du logement (q43a2)

Nombre de répondants

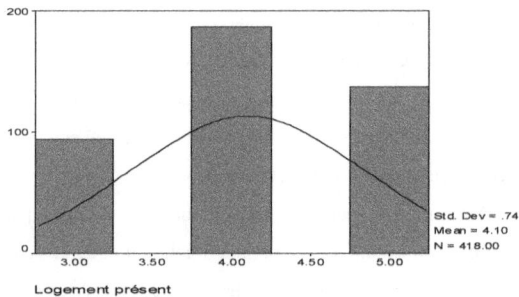

Graphique 2 : Distribution des retraités selon la satisfaction de l'accès aux services de santé et sociaux (q43h2)

Nombre de répondants

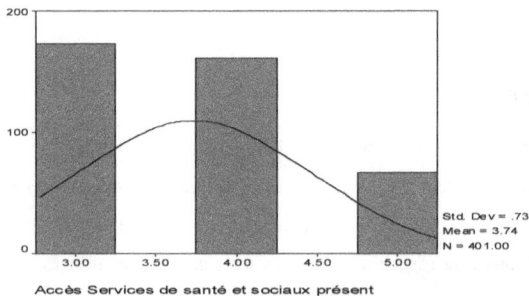

On trouvera au tableau suivant une illustration de la logique suivie en ce qui concerne le choix des tests utilisés pour l'analyse des résultats présentés au chapitre 8.

Figure 8 : Processus menant au choix des tests des méthodes d'analyse univariées[19]

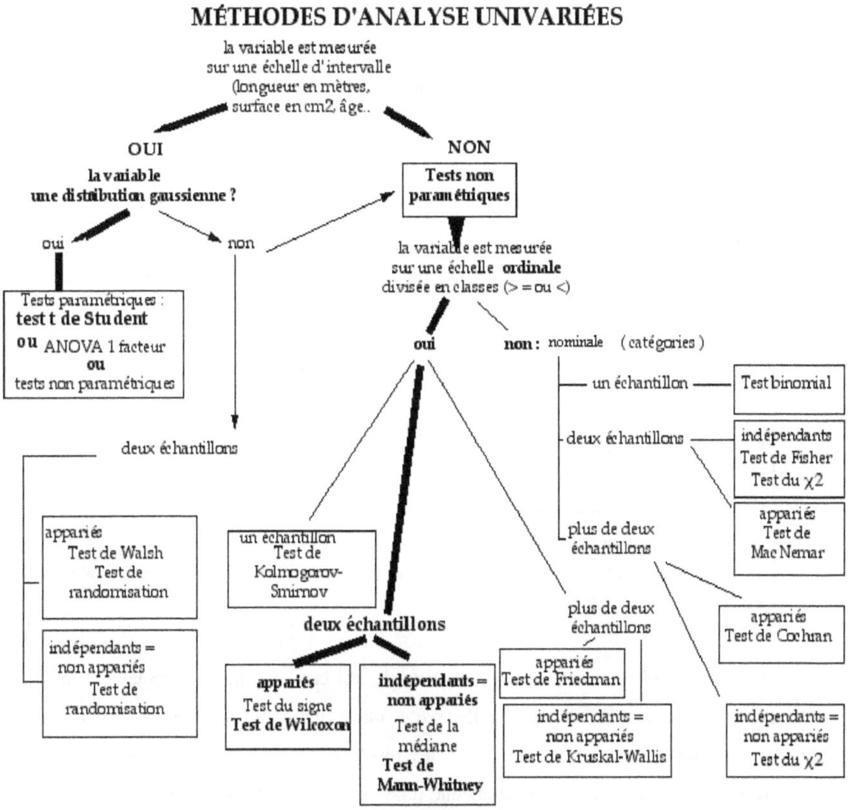

MÉTHODES D'ANALYSE UNIVARIÉES

la variable est mesurée
sur une échelle d'intervalle
(longueur en mètres,
surface en cm2, âge..

OUI

la variable
une distribution gaussienne ?

oui

Tests paramétriques :
test t de Student
ou ANOVA 1 facteur
ou
tests non paramétriques

deux échantillons

appariés
Test de Walsh
Test de
randomisation

indépendants =
non appariés
Test de
randomisation

un échantillon
Test de
Kolmogorov-
Smirnov

deux échantillons

appariés
Test du signe
Test de Wilcoxon

indépendants =
non appariés
Test de la
médiane
Test de
Mann-Whitney

non

NON

Tests non
paramétriques

la variable est mesurée
sur une échelle **ordinale**
divisée en classes (> = ou <)

oui   non : nominale   (catégories)

un échantillon ——— Test binomial

deux échantillons —— indépendants
Test de Fisher
Test du χ2

appariés
Test de
Mac Nemar

plus de deux
échantillons

plus de deux
échantillons

appariés
Test de Friedman

indépendants =
non appariés
Test de Kruskal-Wallis

appariés
Test de Cochran

indépendants =
non appariés
Test du χ2

Nous sommes également en présence de deux types de données : des données qualitatives (khi carré et coefficient de contingence) et des données quantitatives (ANOVA et test *t* de Student). Quelques hypothèses seront vérifiées à l'aide de quatre tests, certains de type unilatéral (capital humain seulement), d'autres de type bilatéral. Les deux premiers tests sont le khi carré, mesurant le lien entre deux variables, et le coefficient de contingence, qui en dérive et qui permet de mieux évaluer la force du lien

---

[19] http://cons-dev.univ-lyon1.fr/Enseignement/Stat/St2b.html

entre ces variables. Nous avons aussi effectué les tests de l'analyse de la variance sur les moyennes d'au moins deux échantillons, et le test *t* sur des moyennes, de façon à comparer la moyenne obtenue pour deux échantillons indépendants. Préférable avec de petits échantillons, le test *t* nous permettra de tester l'hypothèse nulle.

6.4.2 Le khi carré

Le khi carré permet d'étudier deux types de variables : nominales et ordinales et c'est la principale raison justifiant son choix. Ce test permet aussi d'étudier l'indépendance entre deux variables, comme dans le cas de la comparaison entre le bien-être des retraités et celui des non-retraités[20].

Equation 1: Équation du khi carré pour deux échantillons indépendants

$$\chi^2 = \sum_{i=1}^{r} \sum_{j=1}^{k} \frac{(O_{ij} - T_{ij})^2}{T_{ij}}$$

χ^2 = khi carré

O_{ij} = nombre de cas classés dans les i rangées et les j colonnes

T_{ij} = nombre de cas attendus classés dans les i rangées et les j colonnes

dl = degré de liberté (dl = (r-1) (k-1)) où r réfère au nombre de rangées et k au nombre de colonnes d'un tableau

En fait, à l'aide d'un modèle probabiliste, le khi carré permet d'accepter ou de rejeter l'indépendance entre un résultat observé et une valeur seuil ou espérée. Le khi carré est donc basé sur la différence entre les résultats observés (O) et les résultats espérés (E), en assumant qu'il n'existe aucune relation entre ces deux variables. Le test du khi carré peut être appliqué dans les cas suivants (RAYMONDO, 1999, p. 345) :

1. la technique d'échantillonnage est basée soit sur le hasard, soit sur un modèle prédéterminé;

2. les catégories sont à la fois exclusives et indépendantes;

3. la taille de l'échantillon doit être de 25 cas au minimum;

4. la valeur seuil ou espérée devrait être supérieure ou égale à 5.

---

[20] http://cons-dev.univ-lyon1.fr/Enseignement/Stat/St5.html

Comme les quatre premières conditions s'appliquent la plupart du temps dans notre cas, nous utiliserons le test du khi carré pour vérifier si le bien-être des retraités diffère de celui des non-retraités et s'il dépend de leur sexe, de leur capital humain ou social ou de leurs caractéristiques géographiques. D'ailleurs, Reitzes, Mutran et Fernandez (1996) utilisent le khi carré et le test t afin de démontrer que leurs concepts sont statistiquement significatifs. Ces auteurs utilisent la régression multiple pour établir des différences entre l'échantillon des retraités et celui des travailleurs. Han et Moen (1999) utilisent aussi le khi carré, mais ils le complètent par plusieurs autres tests, dont le test du L carré et celui du F, lequel sera discuté dans l'analyse de la variance.

6.4.3 Le coefficient de contingence

Le coefficient de contingence est l'indicateur de la force du lien entre deux variables et prend en considération le nombre de variables. Il n'est intéressant que lorsque les observations sont mesurées selon une échelle nominale. Pour calculer ce coefficient entre deux séries de catégories, les fréquences sont compilées dans un tableau de contingence (colonnes X rangées) dans lequel nous pouvons entrer les fréquences théoriques qui se produiraient s'il n'y avait pas de lien ou de corrélation entre les variables. Lorsqu'on observe une corrélation entre deux séries de variables d'un échantillon, il est intéressant de savoir si ces variables sont liées entre elles dans la population représentée par l'échantillon. Dans le cas du coefficient de contingence, on calcule une valeur statistique, le khi carré, qui donne une indication simple et adéquate de la signification de C. Il suffit ensuite de vérifier si le khi carré calculé à partir de ces données est significatif. Si la probabilité d'obtenir le khi carré observé, avec un degré de liberté égal à $(c$ -1$)$ $(r$ -1$)$, est égale ou inférieure à 0, l'hypothèse nulle (H_0) peut être rejetée à ce niveau de signification et on peut conclure que, dans cette population, le lien entre les deux séries de variables n'est pas nul.

Equation 2 : Équation du coefficient de contingence

$$C = \sqrt{\frac{\chi^2}{\chi^2 + n}}$$

χ^2 = khi carré

n = taille de l'échantillon dans un tableau

Étant donné que le calcul du coefficient de contingence est basé sur les fréquences observées du khi carré, il ne peut avoir de valeur négative. Ainsi, les valeurs obtenues se situent entre 0 et 1, 0 indiquant un lien nul et 1 un grand lien. Le plus grand inconvénient du C est qu'il n'atteint jamais la valeur 1, et ce, peu importe la force du lien dans le tableau de distribution (RAYMONDO, 1999, p. 353). Habituellement, l'interprétation du C est la suivante : 0,00 est un lien statistique très faible ou inexistant, 0,25 est un lien faible, 0,50 est un lien moyen, 0,75 est un lien fort et 1,00 est un lien très fort. L'interprétation que nous ferons de ce coefficient sera grandement basée sur les valeurs maximales et minimales que nous obtiendrons du C lors de l'analyse des résultats.

Deux coefficients de contingence ne peuvent être comparés que lorsqu'ils proviennent de tableaux de contingence de même taille. Enfin, C n'est pas directement comparable à aucune autre mesure de corrélation, que l'on pense au r de Pearson ou au r_s de Spearman. Cependant, ce coefficient de contingence est extrêmement utile du fait qu'aucune contrainte d'application (forme de la population, continuité des variables ou échelle de mesure) ne vient restreindre son application. Il est donc plus précis et a l'avantage de pouvoir être appliqué peu importe la taille de l'échantillon.

6.4.4 L'analyse de la variance à un facteur pour échantillons indépendants

L'analyse de la variance ou l'ANOVA est un test paramétrique utilisé pour évaluer les moyennes d'échantillons afin de voir si elles sont significatives. Elle a une fonction similaire à celle du test t qui compare les moyennes de deux échantillons, alors que l'ANOVA en compare plusieurs.

Equation 3 : Équation de l'analyse de la variance (ANOVA)

Somme totale des carrés $(SC_{tot}) = \Sigma\ X_{tot}^{2} - ((\Sigma X_{tot})^{2} / N)$

Somme ^{2} intergroupes $= SC_{IRG} = \sum (\Sigma\ X_i)^2/n_i - ((\Sigma X_{tot})^2 / N)$
Variance intergroupes $= SC_{IRG}$ / ddl

Somme ^{2} intragroupes $= SC_{IAG} = SC_{tot} - SC_{IRT}$
Variance intragroupes $= SC_{IAG}$ / ddl

Calcul de F = Variance intergroupes / Variance intragroupes [21]

N = taille de la population (total des échantillons)
X = moyenne de l'échantillon
n = nombre d'échantillons

L'analyse de variance à un facteur (*one-way analysis of variance*) consiste à chercher le rapport de la variance entre ces groupes (intergroupes) et la variance à l'intérieur des groupes (intragroupes). En d'autres mots, l'analyse de la variance nous donne la distance entre chacune des moyennes des échantillons. Plus la variance est élevée, plus les réponses s'éloignent de la moyenne et, par conséquent, plus elle est petite, plus les résultats se rapprochent de la moyenne.

La valeur du rapport entre les variances, ou le degré de liberté entre ces groupes au carré, est appelé F (ce F n'a rien à voir avec le F du test de vérification de l'homogénéité des variances). Cette valeur est comparée à celle d'une table de distribution F, à double entrée avec pour numérateur le nombre d'échantillons (k) moins un (k-1), et pour dénominateur, le nombre total de mesures moins k (kn-k).

Nous pouvons utiliser l'analyse de la variance si (RAYMONDO, 1999, p. 319) :
1. l'échantillonnage est aléatoire;
2. la variable dépendante doit être normalement distribuée et doit être mesurée sur un intervalle;

---

[21] http://cons-dev.univ-lyon1.fr/Enseignement/Stat/parametrique/5-3/5-3.html#_Toc468771436

3. les échantillons peuvent être de taille différente.

Nous pourrions conduire plusieurs tests *t* consécutifs en combinant deux échantillons à la fois, mais il y a deux raisons pour ne pas le faire. La première est que les calculs de plusieurs tests *t* demandent plus de temps qu'un simple calcul de la variance. Mais la plus importante est que les tests statistiques servant à vérifier une hypothèse peuvent être biaisés en ce qui concerne la représentativité. Quand nous effectuons un test *t*, il y a une marge d'erreur de 0,05 qui y est associée. Pour chacun des tests *t* additionnels, nous augmentons la possibilité d'erreurs, comme dans l'exemple de 6 tests *t* conduits, où la représentativité de 0,95 diminue à 0,735 (p=$0,95^6$ = 0,735). L'analyse de la variance est donc une solution de rechange aux multiples tests *t*, mais elle ne nous permet pas d'identifier un échantillon en particulier. Par exemple, elle permet de mesurer le lien entre le statut matrimonial et le bien-être sans, toutefois, identifier le groupe ayant la satisfaction la plus élevée. Le test *t* nous permettra de l'identifier.

6.4.5 Le test t sur les moyennes

Il existe trois types de test *t* : unilatéral (*one-tailed test*), bilatéral (*two-tailed test*) et utilisant deux moyennes indépendantes (*two independent sample means*); nous avons utilisé ce dernier dans la présente étude. En fait, "The most common situation resulting in the comparison of two independent sample means is when a single sample is drawn from a population and then relevant subgroups from the sample are examined for significant differences." (RAYMONDO, 1999, p. 283)

Equation 4 : Équation du test *t* sur la moyenne de 2 échantillons indépendants

$$t = ((X_1 - X_2) - (\mu_1 - \mu_2))/(s_{x1-x2})$$

$X_1 - X_2$ = différence entre deux moyennes observées

$\mu_1 - \mu_2$ = différence hypothétique entre les moyennes (habituellement = 0)

S_{x1-x2} = erreur type de la différence

Ainsi, le test *t* mesure l'écart entre deux moyennes en comparant ces dernières. En fait, le test *t* divise la différence entre les deux moyennes (la mesure de la tendance centrale) par la mesure de la dispersion. Plus la différence entre ces moyennes est près de

0, plus il sera difficile de rejeter l'hypothèse nulle. Il permet donc la comparaison entre deux échantillons (p. ex., retraités et non-retraités, hommes et femmes) et il s'applique seulement aux données mesurées sur un intervalle (de 1 à 5). Le test t est un des tests statistiques les plus puissants. Mais avant d'accepter les conclusions d'un tel test, nous devons vérifier si les conditions d'utilisation, présentées ci-dessous, sont remplies (RAYMONDO, 1999, p. 291) :

1. la moyenne d'une variable est mesurée sur deux échantillons indépendants choisis au hasard;

2. les variables étudiées sont mesurées sur une échelle d'intervalle au minimum;

3. les résultats bruts d'une variable de la population sont regroupés sur une distribution normale (sur des échantillons inférieurs à 30);

4. les variances des deux populations sont équivalentes ($H_o = \mu_1 - \mu_2 = 0$).

Comme les conditions 1, 2 et 3 s'appliquent dans notre cas, elles sont suffisantes pour l'utilisation du test t. Étant donné que les variables sont comparables deux à deux, nous devrons effectuer le test t à plusieurs reprises, puisque certaines variables ont plus de deux catégories. Cette technique est d'ailleurs utilisée par Peppers (1976) qui compare la moyenne des activités effectuées avant la retraite à la moyenne des activités pratiquées après la retraite. Amster et Krauss (1974) utilisent aussi le test t mais en le complétant de l'écart type et du dl (degré de liberté).

Finalement, les analyses à l'aide du khi carré, du coefficient de contingence, de la variance et du test t permettront de mesurer la force du lien entre deux variables et de mesurer quelle proportion de la variable dépendante est expliquée par la variable indépendante.

6.4.6 *Autres tests, autres études : des suggestions*

D'autres tests statistiques auraient pu être utilisés. Par exemple, Seccombe et Lee (1986) utilisent la régression multiple pour comparer la satisfaction de la retraite chez les femmes avec celle des hommes. Il en va de même pour Martin-Matthews et al. (1988) qui croisent des variables indépendantes au sexe des retraités. D'ailleurs, Barfield et

114

Morgan (1978) utilisent plusieurs tests, dont la régression multiple, pour ajuster la satisfaction de la retraite à différentes caractéristiques. Quant à Martin-Matthews et al. (1982), ils utilisent des corrélations de Spearman (*Rank Order Correlations*).

Ces tests plus complexes, comme la régression multiple, n'ont pas été nécessaires pour la présente étude puisque des méthodes simples étaient suffisantes. Afin de faire ressortir l'effet de la retraite sur le bien-être, nous avons cherché à évaluer le lien entre les différentes composantes du modèle environnemental et nous avons mesuré le bien-être à l'aide du khi carré, du coefficient de contingence, de l'analyse de la variance (ANOVA) et du test *t*.

6.5 CONCLUSION

Nous avons choisi le questionnaire auto-administré pour étudier le bien-être des personnes de 55 à 75 ans en Outaouais. Constitué de six sections comprenant surtout des questions fermées, il comportait des questions permettant de distinguer les retraités des non-retraités au sein de l'échantillon. Les questionnaires ont été distribués aux portes après le pré-test et le taux de réponse fut d'environ 50 % en combinant les deux milieux. L'échantillon total s'élevait à 564 personnes.

En considérant l'échantillon complet, nous avons croisé les variables dépendantes du bien-être et de la satisfaction par rapport à certaines conditions de vie à des variables indépendantes, comme le nombre d'années avant ou après la retraite. Puis, en nous concentrant sur les retraités, nous avons croisé ces mêmes variables dépendantes aux composantes du modèle environnemental du bien-être. Pour vérifier la force des liens entre ces variables, nous avons utilisé le test d'indépendance du khi carré, le coefficient de contingence, l'analyse de la variance et le test *t* sur les moyennes d'échantillons indépendants. Les résultats de ces tests statistiques seront présentés selon le cas, dans des tableaux croisés ou dans des graphiques, afin de souligner les principales tendances.

115

Les deux prochains chapitres se concentreront sur l'analyse des résultats. Le premier présente une analyse descriptive des répondants de notre enquête, tandis que le second présente une analyse explicative des résultats croisant les variables dépendantes aux variables indépendantes. Des tests statistiques nous aiderons à confirmer la présence d'un lien entre les variables dépendantes et indépendantes ainsi que sa force.

CHAPITRE 7

LE PROFIL DES REPONDANTS

Le présent chapitre brosse un portrait général de la population étudiée, soit 564 personnes de 55 à 75 ans habitant l'Outaouais, dont 459 retraités à qui nous accordons une attention particulière. Divisé en cinq grandes parties, le profil des répondants sert à décrire la population étudiée; il présente leurs caractéristiques démographiques et socio-économiques ainsi que leur répartition sur le territoire. D'abord, nous indiquons si les répondants sont retraités ou non, puis le nombre d'années depuis le début de la retraite ou les en séparant encore. Ensuite, nous étudions l'échantillon selon le sexe, le capital social, le capital humain et les caractéristiques géographiques, soit les caractéristiques retenues pour l'analyse des facteurs susceptibles de faire fluctuer le bien-être des retraités.

Avant de présenter cette première partie de l'analyse, plus descriptive, il est nécessaire d'apporter certaines précisions sur la façon d'identifier les retraités au sein de notre échantillon. Ce sont les répondants eux-mêmes qui ont indiqué leur statut par rapport à la retraite à la question q16a du questionnaire. Or, il apparaît qu'un certain nombre d'entre eux se sont identifiés comme retraités, même s'ils n'avaient jamais été sur le marché du travail. C'est le cas de nombreuses femmes au foyer qui se déclarent retraitées parce que leur mari a lui-même pris sa retraite. C'est aussi le cas de certains hommes qui, bien qu'ils n'aient jamais travaillé, se disent retraités étant donné qu'ils ont atteint l'âge normal de la retraite. Tout en sachant que le passage à la retraite n'a sans doute pas eu pour eux la même signification que pour ceux qui ont vraiment quitté le monde du travail, nous les avons néanmoins considérés comme retraités. Il nous est apparu plus important de mesurer leurs perceptions vis-à-vis la retraite que d'enquêter sur leurs expériences de travail.

Enfin, nous devons également souligner que les totaux des tableaux du présent chapitre ne sont jamais les mêmes, puisque certains répondants n'ont pas répondu à toutes les questions ; les totaux des tableaux indiquent donc le nombre de personnes ayant répondu à ladite question.

7.1 LA RETRAITE ET LE TEMPS

Un total de 564 répondants ont participé à l'enquête, parmi lesquels 459 se sont dits retraités et 93 non-retraités. En fait, la population rejointe était composée majoritairement de personnes retraitées depuis plusieurs années déjà. Quelque 72 % des répondants retraités le sont depuis plus de cinq ans.

Tableau 19 : Répartition des répondants en fonction de la retraite

Ensemble des répondants			
Non-retraités		Retraités	
Nombre	%	Nombre	%
93	16,8	459	83,2

Tableau 20 : Répartition des répondants (non-retraités et retraités) en fonction du temps

Non-retraités			Retraités		
Dimension temporelle					
Nombre d'années avant la retraite			Nombre d'années depuis la retraite		
Années	Nombre	%	Années	Nombre	%
- de 2 ans	21	30,4	- de 2 ans	41	9,3
de 2 à 5 ans	0	0	de 2 à 5 ans	81	18,3
+ de 5 ans	48	69,6	+ de 5 ans	321	72,5
TOTAL	69	100%	TOTAL	443	100%

Notre échantillon étant constitué surtout de retraités de longue date, nous estimons que cela pourrait avoir une incidence sur l'évaluation de leur bien-être. Le groupe des retraités n'en inclut pas moins un certain nombre de personnes susceptibles d'être en pleine transition, alors que certains sont à la retraite depuis moins de 2 ans, et d'autres depuis moins de 5 ans.

Quant aux non-retraités, près du tiers prévoient prendre leur retraite d'ici 2 ans ; cela nous permettra d'examiner comment ils vivent les phases d'anticipation et de préretraite. Bien qu'il y ait déséquilibre entre le nombre de retraités et de non-retraités, nous estimons notre échantillon assez diversifié pour nous permettre de mesurer les effets de la retraite sur le bien-être, d'autant plus qu'il nous semble bien construit, eu égard à l'âge. Un coup d'œil sur l'âge des répondants montre en effet que les différents groupes d'âge sont assez bien répartis dans l'échantillon (Tableau 21).

Tableau 21 : Répartition des répondants selon l'âge

Catégories d'âge	Ensemble des répondants		Répondants retraités	
	Nombre	%	Nombre	%
55 - 59 ans	128	23,27	71	15,78
60 - 64 ans	118	21,45	94	20,89
65 - 69 ans	134	24,36	125	27,78
70 - 74 ans	170	30,91	160	35,56
TOTAL	550	100,00	450	100,00

Bien que les répondants de 65 à 75 ans y soient légèrement surreprésentés (45,27 %), on retrouve une proportion de 55-64 ans (44,72 %) suffisante pour offrir un portrait représentatif des groupes d'âge visés par l'étude. On remarque par ailleurs que, chez les retraités, plus du tiers ont moins de 65 ans, signe qu'on prend sa retraite de plus en plus hâtivement. Ainsi, notre étude permettra de mettre en lumière les effets de la retraite sur le bien-être de personnes relativement jeunes, tout en faisant une plus grande place aux aînés qui forment le plus gros contingent de retraités.

7.2 LA CARACTERISTIQUE «SEXE»

La principale caractéristique personnelle qui nous intéresse, quant au bien-être des retraités, est le sexe. Il faut souligner ici que beaucoup plus de femmes que d'hommes ont participé à l'enquête. Il n'y a aucune surprise à ce sujet et plusieurs facteurs l'expliquent. Dans cette catégorie d'âge, les hommes sont plus nombreux que les femmes sur le marché du travail et ils ont plus tendance qu'elles à avoir des activités à l'extérieur du foyer ; c'est pour cette raison que nous les avons moins souvent rencontrés que les femmes.

Tableau 22 : Répartition des répondants selon le sexe

Sexe	Ensemble des répondants		Répondants retraités	
	Nombre	%	Nombre	%
Femmes	327	60	260	58,56
Hommes	218	40	184	41,44
TOTAL	545	100	444	100,00

Les femmes sont donc surreprésentées dans l'échantillon, que ce soit dans l'ensemble des répondants ou dans le groupe des retraités. Comme elles le sont tout autant dans les deux cas, cela minimise l'effet de la taille inégale des groupes masculin et féminin sur les résultats.

7.3 LE CAPITAL SOCIAL

Le capital social découle des liens qui unissent les personnes d'une communauté donnée ainsi que des modalités de leur interaction. Nous avons identifié deux variables permettant de mesurer l'effet de ce capital sur le bien-être des répondants retraités : leur statut matrimonial et le nombre d'années de résidence dans leur logement. Dans la section qui suit, nous décrivons notre échantillon en fonction de ces deux variables.

7.3.1 Le statut matrimonial

Nous avons préféré le statut matrimonial à la taille du ménage afin de faire ressortir les effets de la vie en couple sur le bien-être des retraités.

Tableau 23 : Répartition des répondants selon le statut matrimonial

Statut matrimonial	Ensemble des répondants		Répondants retraités	
	Nombre	%	Nombre	%
Marié/union libre	385	69,49	311	68,35
Veuf	107	19,31	96	21,10
Séparé/divorcé	41	7,40	30	6,59
Célibataire	21	3,79	18	3,96
TOTAL	554	100,00	455	100,00

Nous voyons que la grande majorité des répondants sont mariés ou en union libre, puis les nombres décroissent, relayant les célibataires au dernier rang. De plus, les deux

120

distributions sont assez semblables, qu'il s'agisse de l'ensemble de l'échantillon ou du groupe des retraités. Le fait que l'échantillon comprenne un nombre non négligeable de retraités sans conjoint permettra par ailleurs de mesurer l'effet de cette forme de capital social sur leur bien-être.

7.3.2 La durée de résidence dans le logement

Une deuxième variables soit la durée de résidence dans le logement permettra de faire ressortir le sentiment d'appartenance, qui révèle l'enracinement d'une personne à son milieu. Nous croyons que plus l'enracinement est profond, plus il est probable que la personne ait établi des liens avec ses voisins et se soit impliquée dans sa communauté. Cet enracinement se mesure par la durée d'occupation dans le logement. Cela permettra-t-il de déceler une différence dans le bien-être des répondants? Des 541 répondants qui ont fourni de l'information sur la durée de résidence dans leur logement, la grande majorité (82,07 %) y habite depuis plus de 10 ans (Tableau 24).

Tableau 24 : Répartition des répondants selon la durée de résidence dans le logement

Durée de résidence dans le logement	Ensemble des répondants		Répondants retraités	
	Nombre	%	Nombre	%
2 ans et -	37	6,84	28	6,31
de 2 à 5 ans	26	4,81	17	3,83
+ de 5 ans	34	6,28	25	5,63
+ de 10 ans	444	82,07	374	84,23
TOTAL	541	100,00	444	100,00

En fait, seulement 7 % des répondants habitent leur logement depuis moins de deux ans, un peu moins de 5 % y résident depuis deux à cinq ans et plus de 6 % l'habitent depuis plus de cinq ans. Les retraités présentent les mêmes caractéristiques au plan de l'enracinement. La très grande majorité d'entre eux (84,23 %) habitent leur logement depuis plus de 10 ans au moins, ce qui devrait avoir des conséquences sur les liens développés avec leur entourage.

7.4 LE CAPITAL HUMAIN

Le capital humain réfère aux capacités d'une personne à satisfaire ses besoins. Nous avons utilisé la scolarité et le revenu comme indicateurs du capital humain et nous croyons que c'est le capital humain qui influencera le plus le bien-être des répondants, qu'ils soient retraités ou non.

7.4.1 La scolarité

Un coup d'œil rapide permet de voir que les deux groupes ont des profils très semblables en ce qui a trait à la scolarité.

Tableau 25 : Répartition des répondants selon le niveau de scolarité

Niveau de scolarité	Ensemble des répondants		Répondants retraités	
	Nombre	%	Nombre	%
Primaire	133	24,4	111	24,8
Secondaire	248	45,3	199	44,4
Collégial	64	11,7	58	12,9
Universitaire	102	18,6	80	17,9
TOTAL	547	100,00	448	100.00

Il est important de noter que cette répartition correspond assez bien à l'ensemble de la population de l'Outaouais[22]. Étant donné qu'il s'agit d'une population âgée, on se serait toutefois attendu à ce que les niveaux de scolarité des répondants, retraités ou non, soient plus bas que ceux de la population de 15 ans et plus. Or, ce n'est pas le cas. Il faut probablement attribuer ce résultat à la complexité du questionnaire. Certaines personnes, peu scolarisées, ont pu refuser de participer à l'enquête étant donné que le questionnaire était assez ardu et long à remplir. Il se peut donc que le niveau de scolarité de l'échantillon soit supérieur à celui de la population de l'Outaouais.

7.4.2 Le revenu familial

Finalement, un coup d'oeil sur le profil des répondants révèle que leur revenu familial est faible : la moitié des familles de l'échantillon ont un revenu inférieur à

---

[22] D'après les données du *Recensement de la population 1996-1991-1986* de l'Institut de la statistique du Québec, parmi les 239 630 personnes de 15 ans et plus recensées dans la région en 1996, 16,5 % détenaient moins d'une 9ᵉ année de scolarité, 39,9 % avaient fait des études secondaires, 30,3 % des études post-secondaires et 13,3 % étaient des diplômés.

30 000 $, alors qu'un peu plus du tiers se situent entre 30 000 $ et $60 000 $; à peine 13,9 % ont des revenus supérieurs à 60 000 $[23] (Tableau 26). Ce n'est probablement pas une situation exclusive à notre échantillon ; les personnes âgées comptent parmi les groupes les plus pauvres, tant en Outaouais que dans l'ensemble du Québec. Quoi qu'il en soit, il s'agit là d'une caractéristique de l'échantillon dont il faudra tenir compte lors de l'analyse des résultats de l'enquête.

Tableau 26 : Répartition des répondants selon le revenu familial

Revenu familial	Ensemble des répondants		Répondants retraités	
	Nombre	%	Nombre	%
0 $ - 29 999 $	236	50,4	198	51,8
30 000 $ - 59 999 $	167	35,7	139	36,4
60 000 $ - +	65	13,9	45	11,8
TOTAL	468	100,00	382	100,00

Il est intéressant d'observer que les retraités présentent ici encore un profil très similaire à celui de l'ensemble des répondants. Nous avons d'ailleurs souligné au chapitre 4 que les revenus diminuaient considérablement selon les catégories d'âge. En fait, les revenus faibles ne sont pas liés à l'âge en tant que tel, mais plutôt au fait que les générations plus vieilles ont moins bénéficié de régimes de retraite et de mesures sociales que les générations plus jeunes.

7.5 LES CARACTERISTIQUES GEOGRAPHIQUES

La dimension géographique est au cœur de notre étude puisque nous nous intéressons à l'effet sur le bien-être du milieu dans lequel évolue la population. À cet égard, la région administrative de l'Outaouais est particulière puisqu'elle oppose deux milieux de vie bien distincts : le milieu central regroupant les villes de l'ancienne CUO et le milieu périphérique regroupant les autres municipalités étidiées. Nous observerons donc la distribution de l'ensemble de la population et celle des retraités selon ces milieux. Nous nous penchons aussi sur l'effet de la mobilité sur la qualité de vie des répondants.

---

[23] D'après les données du *Recensement de la population 1996-1991-1986* de l'Institut de la statistique du Québec, en 1996, le revenu familial moyen pour l'Outaouais se situait à 52 201 $.

Cette dernière section du profil des répondants les décrit aussi selon les caractéristiques de leur mobilité.

7.5.1 Les milieux

LA DISTRIBUTION SELON LE TYPE DE MILIEU

Parmi les répondants en milieu central, 83,3 % sont retraités, alors que ce pourcentage diminue légèrement à 79,7 % en milieu périphérique. On peut donc dire que les distributions des répondants et des retraités sont semblables, une fois de plus.

Tableau 27: Répartition des répondants selon le milieu

Villes	Ensemble des répondants		Répondants retraités	
	Nombre	%	Nombre	%
Centrales				
Gatineau	140	24,82	121	26,36
Hull	73	12,94	56	12,20
Aylmer	38	6,74	33	7,19
Buckingham, Masson-Angers	18	3,19	14	3,05
TOTAL	269	47,70	224	48,80
Périphériques				
Maniwaki	96	17,02	73	15,90
Thurso	52	9,22	49	10,68
Shawville	44	7,80	33	7,19
Papineauville	31	5,50	23	5,01
Saint-André-Avellin	26	4,61	24	5,23
Fort-Coulonge	24	4,26	17	3,70
Montebello	22	3,90	16	3,49
TOTAL	295	52,30	235	51,20
GRAND TOTAL	**564**	**100,00**	**459**	**100,00**

En milieu central comme en milieu périphérique, nous pouvons souligner la surreprésentation de trois villes dont deux (Gatineau et Hull) sont en milieu central et une (Maniwaki) en milieu périphérique. Dans les deux distributions, Gatineau compte environ 25 % de tous les répondants, tandis que Maniwaki en compte environ 16 % et Hull en compte un peu plus de 12 %. Buckingham et Masson-Angers, Fort-Coulonge et Montebello sont les villes comptant le moins de répondants dans cet échantillon. Ainsi, la distribution des retraités et des répondants est pratiquement la même dans les deux milieux.

Au niveau plus local des quartiers, notre attention s'est portée sur la région métropolitaine que formait la CUO. Elle a été divisée en trois : les quartiers centraux (cinq quartiers de Hull et deux quartiers de Gatineau), les quartiers de banlieue (Aylmer et trois quartiers de Gatineau) et les quartiers périurbains (Masson-Angers et Buckingham).

Tableau 28 : Répartition des répondants de la CUO selon le type de quartier

Type de quartiers de la CUO	Ensemble des répondants		Répondants retraités	
	Nombre	%	Nombre	%
Central	133	49,44	108	48,21
De banlieue	118	43,87	102	45,54
Périurbain	18	6,69	14	6,25
TOTAL	269	100,00	224	100,00

En observant le tableau 28, nous remarquons surtout la similitude des deux distributions.

7.5.2 La mobilité

La mobilité se définit par plusieurs caractéristiques pouvant influencer les déplacements des répondants, caractéristiques qui se regroupent en deux catégories, soit les voyages, incluant la possession d'une voiture, et l'état de santé.

LES VOYAGES

En fait, les voyages sont le baromètre de la mobilité. En observant le tableau 29, nous remarquons que les distributions des deux échantillons sont semblables sans toutefois être identiques puisque les répondants retraités ont davantage voyagé que l'ensemble des répondants.

Voyage effectué au cours des 12 derniers mois	Ensemble des répondants		Répondants retraités	
	Nombre	%	Nombre	%
Oui	221	39,96	192	42,38
Non	332	60,04	261	57,62
TOTAL	553	100,00	453	100,00

Les voyages ne semblent pas avoir été affectés par le fait d'être retraité ou non ;
peut-être le sont-ils davantage par les revenus disponibles ?

LA POSSESSION D'UNE VOITURE

Posséder une voiture constitue le deuxième facteur de la mobilité. Nous allons
examiner ici cette composante de la mobilité des répondants.

Tableau 30 : Répartition des répondants selon la possession d'une voiture (par ménage)

Possession d'une voiture	Ensemble des répondants		Répondants retraités	
	Nombre	%	Nombre	%
Oui	500	89,77	407	89,25
Non	57	10,23	49	10,75
TOTAL	557	100,00	456	100,00

Nous remarquons que les deux distributions sont très semblables. Il est important de
mentionner que les participants à notre enquête sont, dans l'ensemble, très mobiles; en
effet, presque 90 % des ménages possèdent une voiture. Ce pourcentage ne diminue
guère avec la retraite, alors que le pourcentage de retraités ayant une voiture est
sensiblement le même (89,25 %).

L'ÉTAT DE SANTÉ GÉNÉRAL ET LA LIMITATION DE LA MOBILITÉ

Cette dernière section sur la mobilité des répondants regroupe deux
caractéristiques touchant à leur santé, à savoir l'évaluation que les répondants font des
problèmes de santé susceptibles de limiter leur mobilité et l'évaluation de leur état de
santé général. En ce qui concerne les problèmes pouvant affecter la mobilité, on peut
dire que l'ensemble des répondants a sensiblement la même évaluation que les

répondants retraités. Plus de la moitié disent ne pas éprouver de problèmes de santé limitant leur mobilité, et rares sont ceux qui en subiraient « souvent » ou « toujours ».

Tableau 31 : Répartition des répondants selon la fréquence des problèmes limitant la mobilité

Fréquence des problèmes	Ensemble des répondants		Répondants retraités	
	Nombre	%	Nombre	%
Jamais	329	58,75	257	55,99
Rarement	68	12,14	60	13,07
Quelquefois	102	18,21	87	18,95
Souvent	34	6,07	31	6,75
Toujours	27	4,82	24	5,23
TOTAL	560	100,00	459	100,00

On remarque ici que les retraités sont légèrement moins nombreux que l'ensemble des répondants à ne pas ressentir de problèmes de santé limitant la mobilité. Le fait d'avoir quitté son travail ferait-il en sorte qu'on se sente moins contraint par ses problèmes de santé? L'écart est certes trop petit pour qu'on puisse en tirer une conclusion quelconque, mais il s'agit là d'une donnée intéressante qui pourrait se refléter sur le bien-être perçu.

Le tableau suivant nous suggère toutefois de ne pas retenir cette hypothèse.

Tableau 32 : Répartition des répondants selon l'évaluation globale de leur santé

Évaluation globale de la santé	Ensemble des répondants		Répondants retraités	
	Nombre	%	Nombre	%
Excellente	98	17,50	82	17,86
Très bonne	189	33,75	144	31,37
Bonne	191	34,11	160	34,86
Passable	69	12,32	61	13,20
Mauvaise	13	2,32	12	2,61
TOTAL	560	100,00	459	100,00

En effet et comme on peut s'y attendre, l'évaluation globale de la santé diminue légèrement à la retraite, compte tenu de l'âge plus avancé des retraités.

7.6 CONCLUSION

L'analyse descriptive du profil des répondants montre que ce profil demeure le même, que l'on considère tous les répondants ou seulement les retraités. Ainsi, les différences observées entre ces deux groupes ne découleront pas de différences entre leurs caractéristiques spécifiques, mais bien d'une perception différente de leurs conditions de vie. Ceci constitue un atout important de l'échantillon avec lequel nous travaillons. Dans le chapitre qui suit, nous vérifierons si nous pouvons identifier des différences entre le bien-être de tous les répondants et celui des retraités, ainsi que l'effet de certaines variables individuelles sur ce bien-être.

CHAPITRE 8

RESULTATS ET DISCUSSION

Ce chapitre se veut une analyse explicative des données recueillies lors de l'enquête. Les résultats des nombreux tests statistiques effectués serviront à vérifier la pertinence des hypothèses présentées au chapitre 5. Quant à la discussion, elle soulignera les points forts des résultats. La première des deux parties de ce chapitre vérifie l'hypothèse générale selon laquelle la retraite affecte positivement le bien-être ; elle concerne l'ensemble des répondants. Nous y comparons le bien-être des répondants retraités à celui des répondants non retraités, et ce, en fonction du nombre d'années avant ou après la retraite. Quant à la seconde partie, elle se penche strictement sur le bien-être des retraités afin de voir s'il varie en fonction des variables indépendantes que sont le sexe, le capital social (statut matrimonial et durée d'occupation du logement), le capital humain (revenu et scolarité) et les caractéristiques géographiques (milieu et mobilité). La vérification de ces hypothèses nous permettra d'identifier les composantes du modèle environnemental du bien-être des retraités ayant le plus d'influence sur les retraités en Outaouais.

8.1 PREMIERE ETAPE : L'EFFET DE LA RETRAITE

8.1.1 Retraités et non-retraités

Cette première étape de l'analyse vise d'abord à comparer le bien-être des répondants, qu'ils soient retraités ou non, puis à mettre l'accent sur l'effet du facteur « temps » lié à l'adaptation à la retraite. Sur les 564 répondants, nous dénombrons 443 retraités et 89 non-retraités ayant évalué leur bien-être en répondant à la question « Globalement, êtes-vous satisfait de vos conditions de vie ? » Leurs réponses, d'abord classées en cinq catégories, ont été regroupées en trois par la suite. Le croisement du bien-être des répondants au fait d'être retraité ne révèle aucune différence notable. Dans le cas de l'évaluation du bien-être des répondants, les distributions obtenues pour les retraités et les non-retraités sont en effet très semblables. Dans les deux cas, 20 % des répondants éprouvent un « très grand » bien-être, 45 % disent avoir un « grand » bien-être et que le tiers d'entre eux se retrouvent dans la catégorie des moins satisfaits de leur bien-être (passable).

D'ailleurs, cette similitude des distributions des retraités et des non-retraités se reflète dans la moyenne des satisfactions des retraités (3,85) et des non-retraités (3,81). Rappelons que cette valeur moyenne se situe entre 1 (aucune satisfaction) et 5 (très grande satisfaction). Les tests du khi carré et surtout le coefficient de contingence (C) montrent que ces variables sont indépendantes l'une de l'autre et que le lien entre le fait d'être retraité et le bien-être est très faible, sinon inexistant avec un C = 0,021.

Afin d'approfondir l'analyse de l'effet de la retraite sur le bien-être, nous avons cherché à savoir si l'adaptation demandée par la retraite n'avait pas un impact plus fort lorsqu'on distinguait la satisfaction éprouvée à l'endroit d'éléments particuliers de l'environnement. Neuf conditions de vie ont été considérées alors que l'on a demandé aux répondants d'indiquer leur degré de satisfaction à l'endroit de chacune d'elles. Nous avons croisé leurs réponses avec le fait d'être retraité. Une fois de plus, les moyennes obtenues sont assez semblables chez les deux groupes. Les plus grands écarts entre les moyennes de ces deux groupes sont de 0,15 (R = 3,84 et NR = 3,68) pour l'accès aux ressources de base (F = 2,456 / sig = 0,073) et de 0,14 (R = 3,74 et NR = 3,60) pour l'accès aux services sociaux et de santé (F = 3,236 / sig = 0,118). Ici, les retraités sont sensiblement plus satisfaits que les non-retraités.

Ainsi, on peut dire que les retraités semblent davantage satisfaits de l'accès aux commerces et aux services que les non-retraités ; cela ne surprend guère puisque les retraités ont davantage de contrôle sur leur temps et sur leur espace. Par ailleurs, les conditions du logement (R = 4,1 et NR = 4,03) et du voisinage (R = 3,88 et NR = 3,82) satisfont autant un groupe que l'autre ; elles enregistrent, de part et d'autre, les satisfactions les plus élevées. L'effet de la retraite sur la satisfaction des conditions de vie liées aux relations sociales est faible, il en est de même pour l'accès aux commerces et aux services. Ainsi, la retraite ne change guère la satisfaction éprouvée à l'endroit des conditions de vie. Mais qu'en sera-t-il de l'effet du facteur temps avant la retraite ou depuis la retraite ? Jouera-t-il un rôle sur le bien-être et la satisfaction des conditions de vie spécifiques ?

8.1.2 Retraités et non-retraités : l'effet du facteur temps

LE BIEN-ÊTRE GLOBAL

Nous avons supposé que les nouveaux retraités éprouveraient un plus grand bien-être que les autres retraités, parce qu'ils seraient alors en pleine phase d'euphorie (Atchley). Nous avons vérifié l'effet du nombre d'années avant la retraite ou après la retraite, en croisant le facteur « temps » au bien-être des répondants. Sur les 428 retraités ayant évalué leur bien-être, 38 étaient nouveaux (moins de 2 ans), 79 étaient à la retraite depuis deux à cinq ans et 311 étaient de « vieux » retraités (plus de cinq ans). Les résultats du calcul du khi carré et surtout celui du coefficient de contingence (C = 0,085), non significatifs, indiquent que le lien est très faible entre le bien-être et le nombre d'années de retraite.

Pourtant, d'après les réponses obtenues, on observe au tableau suivant que les nouveaux retraités font une meilleure évaluation de leur bien-être que les retraités de plus longue date, alors que seulement 23,7 % se disent passablement satisfaits de leurs conditions de vie globales, 55,3 % grandement satisfaits et 21,1 % très grandement satisfaits. Ces jeunes retraités ont le plus haut pourcentage de « grand » bien-être contre 44,3 % pour les personnes à la retraite depuis 2 à 5 ans et 43,1 % pour les vieux retraités. Cette tendance montrerait la pertinence de tenir compte du facteur « temps » lorsqu'on analyse l'effet de la retraite sur le bien-être et confirmerait l'existence d'une phase d'euphorie chez ces derniers. Comme les jeunes retraités sont plus nombreux à évaluer leur bien-être comme « grand », on peut croire qu'ils sont plusieurs à se situer dans cette phase d'euphorie mentionnée dans la littérature.

Graphique 3 : Le bien-être des répondants selon le nombre d'années à la retraite ou les séparant de la retraite

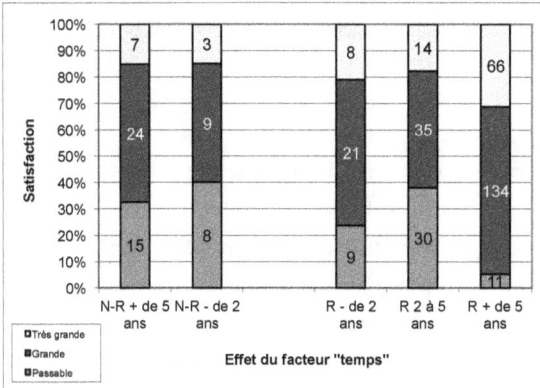

Toutefois, on ne peut passer sous silence le fait que les répondants retraités depuis plus de cinq ans sont probablement plus vieux et pourraient souffrir de problème quelconque susceptible de limiter leur bien-être. Afin de vérifier l'effet de l'âge, nous avons comparé le bien-être de ces deux groupes en fonction de cette variable. Aucun lien significatif n'en est ressorti, comme quoi un plus jeune âge n'est pas gage d'un bien-être plus grand.

Nous avons aussi supposé que le nombre d'années séparant les non-retraités de la retraite avait un effet sur leur sentiment de bien-être, alors que les plus proches de la retraite (moins de deux ans) pourraient éprouver un moins grand bien-être associé à la phase d'anticipation. Nous avons vérifié cette relation en croisant le nombre d'années avant la retraite au bien-être (ou à la satisfaction face aux conditions de vie globale comme nous pouvions lire dans le questionnaire). Un total de 66 personnes, dont 20 seront à la retraite sous peu (moins de deux ans) alors que 46 ne prendront leur retraite que dans plus de cinq ans, ont donné de l'information quant à la période les séparant de leur retraite. De tous les tests du khi carré et du coefficient de contingence (C = 0,074) effectués sur les données croisant le bien-être et le facteur « temps » avant la retraite, aucun ne donne des résultats significatifs. On peut dire que le lien statistique entre le temps avant la retraite et l'évaluation du bien-être des non-retraités est inexistant; ces deux variables seraient indépendantes. Toutefois, nous soulignerons que les personnes sur le point de prendre leur retraite (dans moins de deux ans) sont plus nombreuses à évaluer leur bien-être comme « passable » que les personnes loin de leur retraite (dans

132

plus de cinq ans). Ces résultats, quoique non vérifiés statistiquement, vont dans le sens de l'hypothèse voulant que le bien-être soit inférieur chez les personnes prenant leur retraite dans moins de deux ans, compte tenu de l'imminence de cet événement et de l'appréhension qu'il suscite.

LA SATISFACTION DE CONDITIONS DE VIE SPÉCIFIQUES

Nous avons poursuivi l'analyse en nous intéressant à l'effet du facteur « temps » sur la satisfaction éprouvée à l'endroit des conditions de vie des retraités et des non-retraités. Chez les retraités, lorsque l'on compare leur satisfaction par rapport à différents éléments de leur environnement compte tenu du nombre d'années à la retraite, les moyennes sont très peu différentes. Quelques différences méritent toutefois d'être soulignées. Ainsi, nous remarquons que les vieux retraités (plus de 5 ans) ont une meilleure satisfaction de leur logement, les retraités depuis 2 à 5 ans sont davantage satisfaits de leurs relations sociales et de leur accès aux services et aux commerces, alors que les jeunes retraités (moins de 2 ans) sont légèrement plus satisfaits de leur accès aux services sociaux et de santé.

Tableau 33 : Satisfaction des répondants selon leur statut à l'endroit de la retraite

		Moyenne des satisfactions des répondants (sur une échelle de 1 à 5)								
		Cadre de vie			Relations sociales			Accès commerces et services		
		Logement	Voisinage	Services publics	Interactions avec autres	Support entourage	Implication communauté	Ressources de base	Sociaux et santé	Loisirs et culture
	Années									
Non-retraités	- de 2 ans	4,19	3,86	3,71	3,85	3,68	3,33	3,70	3,65	3,53
	+ de 5 ans	3,98	3,82	3,76	3,66	3,93	3,33	3,73	3,66	3,59
Retraités	- de 2 ans	4,06	3,86	3,71	3,78	3,75	3,37	3,76	3,86	3,58
	2 à 5 ans	4,08	3,80	3,72	3,85	3,84	3,43	3,84	3,68	3,66
	+ de 5 ans	4,11	3,90	3,77	3,76	3,77	3,39	3,85	3,73	3,62
* significatif (ou presque) pour l'ANOVA										

Ces résultats suggèrent que la relation entre le nombre d'années à la retraite et la satisfaction des conditions de vie est beaucoup plus complexe que ce que nous l'avions prévu et qu'elle est difficile à saisir à partir des réponses obtenues. Notre découpage du temps est peut-être en cause, mais le problème réside peut-être aussi dans les nombres en présence, faibles dans certaines catégories. Nous y reviendrons.

Nous avons conduit le test ANOVA (F) afin de voir si les différences de moyennes observées étaient statistiquement significatives. Les plus grandes valeurs du F sont pour le logement (1,866), les interactions avec les autres (1,271) et le support de l'entourage (1,508), mais aucune n'est significative. On peut tout de même souligner l'intérêt de ces résultats, car ils suggèrent que le nombre d'années avant la retraite peut avoir une certaine incidence sur la perception des non-retraités à l'endroit de leurs conditions de vie et de la satisfaction en découlant. Il s'agit toutefois d'une hypothèse qui n'a pas été prouvée.

8.1.3 Limites et explications probables

Ainsi, nos hypothèses sur l'effet du facteur « temps » sur le bien-être éprouvé à la retraite n'ont pas été prouvées ; en effet les résultats ne sont pas significatifs. Le bien-être des jeunes retraités n'est pas meilleur que celui des vieux retraités et le bien-être des non-retraités à la veille de leur retraite n'est pas plus faible, statistiquement, que celui des autres non-retraités. Différentes explications peuvent être proposées pour rendre compte du fait que ces hypothèses ne se sont pas avérées justes.

Une première explication pourrait résider dans le fait que même si les gens se sentent mieux à la retraite, ils n'en évaluent pas plus positivement leurs conditions de vie. Leur sentiment de bien-être pourrait s'expliquer par autre chose que notre enquête n'a pas permis d'identifier. En fait, Gilleard et Higgs (2000, p. 31) affirment que si la retraite a un impact sur le bien-être, il est sans doute la conséquence d'une combinaison de facteurs (p. ex., une retraite précipitée pour des raisons de santé). Ces auteurs soulignent l'absence de preuve d'une baisse significative du bien-être et de la satisfaction des conditions de vie après quelques années à la retraite. De plus, Gilleard et Higgs insistent sur les changements qui se sont produits au cours des dernières décennies à propos du passage du cycle actif au cycle inactif. Ce changement, vécu jadis comme une coupure, se serait transformé en une transition plutôt floue, la rendant difficile à jauger. Ce phénomène serait dû au fait que les retraités d'aujourd'hui, qui disposent de revenus supérieurs à ceux de leurs parents, sont de plus grands consommateurs de biens et services. En d'autres mots, plus les ressources financières augmentent, plus les différences associées au rôle social et au passage du statut de travailleur à celui de retraité s'estomperaient!

Une deuxième explication à la non-signification des résultats serait la taille inégale des groupes. Ainsi, les trois sous-groupes de retraités sont de taille très différente et le petit nombre de nouveaux retraités (38) ne se comparait pas aux 79 retraités de plus longue date, ni aux 331 « vieux » retraités. La taille des trois groupes pourrait donc être un facteur favorisant le groupe le plus nombreux. Il en est de même pour les résultats non significatifs de l'analyse des réponses des non-retraités dont le nombre par sous-groupe varie aussi beaucoup. Enfin, il ne faut pas négliger cet effet de la taille du groupe sur les premiers résultats présentés qui opposaient les retraités et les non-retraités, ces derniers n'étaient pas assez nombreux pour faire contrepoids aux premiers.

Une troisième raison serait les catégories temporelles discrètes utilisées pour évaluer l'effet du facteur « temps » associé aux phases d'Atchley sur le bien-être. Il peut être difficile de saisir des différences dans le bien-être à partir de ces catégories, en ce sens que la phase d'euphorie peut être vécue lors des 10 ou 12 premiers mois pour un certain retraité, alors qu'un autre la vivra pendant plus de deux ans. Le problème est en fait l'utilisation de périodes trop précises définissant des phases imprécises quant à leur durée. Peut-être aurions-nous eu plus de succès si le questionnaire avait formé plus de sous-groupes distinguant les personnes selon la durée avant ou après la retraite, soit depuis moins d'un an, d'un à deux ans, etc. Une autre approche aurait été d'utiliser des catégories où les répondants auraient indiqué eux-mêmes le temps qu'ils avaient mis à chacune des différentes phases de la retraite (anticipation, euphorie, etc.). Par ailleurs, l'utilisation d'entrevues aurait été une bonne façon de bien faire ressortir l'effet du facteur « temps » sur la perception du bien-être et sur la satisfaction des conditions de vie.

Enfin, les résultats de l'analyse de l'effet du facteur « temps » sur le bien-être ne sont pas concluants, même en différenciant les répondants selon leur âge et leur sexe. Le fait que les groupes examinés étaient de taille inégale peut avoir favorisé le groupe le plus nombreux, soit les retraités depuis plus de cinq ans. De plus, les choix de réponses à la question q16b (nombre d'années à la retraite) étaient présentés en catégories temporelles discrètes, alors qu'il aurait été préférable d'avoir des catégories temporelles existentielles afin de bien saisir l'effet du temps (phases de la retraite) sur le bien-être. Nous pouvons également souligner le changement du rôle social des retraités tendant fortement vers un rôle de consommateur. Nous examinerons donc, à la deuxième étape, les facteurs influençant le bien-être des retraités, plus particulièrement l'effet du sexe, du capital social, du capital humain et des caractéristiques géographiques.

8.2 DEUXIEME ETAPE : L'EFFET DES FACTEURS

Cette seconde étape vise à vérifier plusieurs hypothèses principales et secondaires. Nous nous concentrerons sur les retraités afin d'identifier l'effet, sur leur bien-être et sur la satisfaction à l'endroit de neuf conditions de vie, de certaines caractéristiques (appelées aussi « facteurs » dans la revue de littérature) innées ou acquises sous l'influence du milieu.

8.2.1 Le sexe

Notre hypothèse 2 dit que les femmes retraitées seraient moins satisfaites de leur bien-être et de leurs conditions de vie que les hommes retraités, compte tenu du rôle social qui leur incombe, rôle social abondamment discuté au chapitre 5. Nous avons dénombré 429 retraités ayant évalué leur bien-être, dont 253 femmes et 176 hommes. Les tests du khi carré et du coefficient de contingence (C = 0,034) appliqués au bien-être des retraités selon leur sexe n'ont pas de signification statistique. En fait, on pourrait souligner la similarité des résultats puisque les retraités, femmes ou hommes, semblent évaluer leur bien-être de la même façon. Dans les deux cas, environ 20 % ont un très grand bien-être, 45 % un grand bien-être et environ 35 % un bien-être passable. Le bien-être ne semble pas se différencier selon le sexe des retraités.

En conduisant le test ANOVA sur les moyennes de satisfaction à l'endroit de chacune des neuf conditions de vie, nous en avons noté trois où les différences sont

136

significatives ou presque : le voisinage (F = 3,371 / sig à 0,067), les interactions avec les autres (F = 3,282 / sig à 0,071) et le support de l'entourage (F = 3,601 / sig. A 0,058) (tableau suivant). Dans chacun des cas, la satisfaction des femmes est plus grande que celle des hommes.

Tableau 34 : Satisfaction des conditions de vie des retraités selon le sexe

	Moyenne des satisfactions des retraités (sur une échelle de 1 à 5)								
	Cadre de vie			Relations sociales			Accès commerces et services		
Sexe	Logement	Voisinage*	Services publics	Interactions avec autres*	Support entourage*	Implication communauté	Ressources de base	Sociaux et santé	Loisirs et culture
Femmes	4,11	3,93	3,77	3,83	3,85	3,42	3,84	3,73	3,65
Hommes	4,08	3,80	3,75	3,70	3,70	3,36	3,84	3,74	3,60

* significatif (ou presque) pour l'ANOVA

Ces résultats vont quelque peu à l'inverse de notre hypothèse puisque les femmes sont davantage satisfaites de leurs interactions avec les autres et du support de l'entourage, comme si la retraite les affectait moins que les hommes à cet égard. Ainsi, on peut penser qu'elles réussissent mieux que ces derniers à d'adapter à leur nouveau style de vie, qu'elles se créent plus aisément de nouveaux réseaux ou entretiennent davantage ceux qu'elles avaient tissés avant la retraite. On pourrait dire aussi que ces résultats reflètent l'importance que les femmes accordent, comparativement aux hommes, aux relations sociales. Quoique, dans l'ensemble, les différences de niveau de satisfaction des répondants vis-à-vis leurs conditions de vie en Outaouais soient très faibles, il est intéressant de constater que le rôle social des femmes semble prendre de l'importance en vieillissant ! Ce que souligne Crompton rappelant que « les femmes sont le groupe le plus susceptible d'éprouver de multiples chocs peut-être justement à cause de leur rôle social ? » (Crompton, 2003, p. 10).

Dans le même ordre d'idées, Gilleard et Higgs (2000, p. 46) soulignent que le bien-être des femmes âgées est plus souvent associé à la ménopause qu'à l'événement de la retraite. Ils croient aussi que deux facteurs doivent être considérés lors de l'analyse de ce bien-être. Le premier est que la pension de retraite des femmes, inférieure à celle des hommes, peut limiter leurs activités sociales. Le second est la diminution du temps libre des femmes à la retraite puisque leur rôle social, comparativement à celui des hommes retraités, comprend davantage d'obligations envers les membres de la famille, limitant ainsi leur liberté d'action. Ces deux facteurs, pierre angulaire de l'hypothèse 2, ont justement suscité notre intérêt pour l'effet du sexe sur le bien-être et la satisfaction des conditions de vie. Nos résultats n'ont pu démontrer de différences marquantes liées au sexe chez les retraités de l'Outaouais ; ces derniers évaluent leur bien-être et leurs conditions de vie de la même façon. Il n'en demeure pas moins que le rôle social des personnes âgées est différent selon le sexe. Ce que traduisent nos résultats qui démontrent que les femmes sont plus satisfaites de leurs relations sociales que les hommes. Il semble donc que les auteurs cités lors de la recension des écrits aient une perception du rôle social des femmes différente de celle des femmes elles-mêmes.

8.2.2 Le capital social

Les hypothèses 3-A et 3-B s'appliquent à l'effet du capital social. Selon ces deux hypothèses, le bien-être des retraités en couple serait supérieur à celui des autres retraités et les retraités ayant déménagé depuis moins de deux ans éprouveraient un bien-être inférieur à celui des retraités bien implantés dans leur milieu. Or, le bien-être global ne différencie pas les retraités selon leur capital social, que nous croisions les résultats avec le statut matrimonial ($C = 0,097$ / sig $= 0,655$) ou avec le sentiment d'appartenance au milieu associé à la durée de résidence dans le logement ($C = 0,068$ / sig $= 0,919$). Nous n'avons donc pas inclus de graphiques présentant les résultats du bien-être croisé au capital social. On note toutefois un faible effet du capital social sur la satisfaction des retraités vis-à-vis certaines conditions de vie, tel que le démontrent les deux tableaux suivants.

LE STATUT MATRIMONIAL

Le statut matrimonial des retraités a un effet sur leurs conditions de vie. Puisque notre hypothèse attribuait un meilleur bien-être aux retraités vivant en couple, nous nous attarderons surtout à la comparaison des couples aux célibataires, aux veufs et aux retraités séparés ou divorcés. Dans un premier temps, nous voyons que les retraités en couple, majoritaires dans notre échantillon (304), ont globalement les satisfactions moyennes les plus élevées, entre autres dans le cas du logement (4,18) et du support de l'entourage (3,79). Dans ces deux cas, les différences sont significatives pour le logement (F = 4,9 / sig = 0,002) et le support de l'entourage (F= 2,809 / sig = 0,039). Quant aux interactions avec les autres, elles sont aussi significatives (F = 3,488 / sig = 0,016), mais elles favorisent cette fois les retraités veufs.

Tableau 35 : Satisfaction des conditions de vie des retraités selon le statut matrimonial

		Moyenne des satisfactions des répondants (sur une échelle de 1 à 5)								
		Cadre de vie			Relations sociales			Accès commerces et services		
		Logement*	Voisinage	Services publics	Interactions avec autres*	Support entourage*	Implication communauté	Ressources de base	Sociaux et santé	Loisirs et culture
Capital social										
Statut matrimonial	Célibataire	3,59	3,71	3,71	3,75	3,63	3,31	3,69	3,94	3,44
	Marié/union	4,18	3,88	3,78	3,77	3,79	3,39	3,86	3,73	3,64
	Veuf	4,02	3,91	3,73	3,92	3,47	3,47	3,76	3,70	3,63
	Séparé/div.	3,88	3,79	3,62	3,36	3,14	3,14	3,83	3,75	3,45
* significatif (ou presque) pour l'ANOVA										

Il ressort de ce tableau des différences intéressantes entre les moyennes des conditions de vie des retraités. Le logement, première condition de vie significative, nous permet de constater que les retraités mariés sont plus satisfaits, avec un écart de 0,59, que les retraités célibataires (3,59). D'ailleurs, cet écart est significatif (sig = 0,001) avec un t = 3,29. Les retraités en couple sont également plus satisfaits de leur logement que les retraités séparés/divorcés (3,88) dont l'écart de 0,14 est un peu moins significatif (t = 1,974 / sig = 0,049). On enregistre également un écart considérable de 0,43 (significatif à 0,032 avec t = -2,173) entre les retraités célibataires et les veufs (4,02).

Le support de l'entourage des retraités en couple est une deuxième condition de vie significative dont l'écart de 0,65 est le plus fort entre ces retraités (en couple) et les retraités séparés / divorcés (t = 2,368 / sig = 0,019). D'ailleurs, les retraités veufs sont aussi nettement plus satisfaits que les séparés/divorcés de leurs relations sociales, dont les écarts sont de 0,33 à la fois pour le support de l'entourage (t = 2,796 / sig = 0,006) et pour l'implication dans la communauté (t = 1,973 / sig = 0,051).

Une autre différence intéressante, plus avantageuse cette fois-ci pour les retraités veufs, concerne les interactions avec les autres. Un écart non négligeable de 0,56, entre la satisfaction des veufs (3,92) et celle des séparés/divorcés (3,36), est à signaler

($t = 3,281$ / sig = 0,001). En fait, la satisfaction des séparés/divorcés est tellement faible qu'un écart significatif de 0,41 ($t = 2,552$ / sig = 0,011) existe entre ces derniers et les couples (3,77). Le niveau élevé de satisfaction des veufs pourrait peut-être s'expliquer par le fait que leurs relations sociales se seraient transformées à la suite de la perte d'un être cher ; une personne veuve sera souvent l'objet d'une attention particulière des autres qui lui rendront visite, l'inviteront à partager différentes activités, etc. Il est vrai que le même raisonnement pourrait s'appliquer aux retraités seuls, séparés ou divorcés, mais ce n'est pas le cas d'après nos résultats.

En somme, les retraités en couple sont plus satisfaits que les autres retraités (5 fois sur 9), sauf en ce qui a trait à la satisfaction du voisinage, de l'implication dans la communauté et des interactions avec les autres où les retraités veufs s'estiment plus satisfaits. Les couples ne s'impliquent peut-être pas autant dans la communauté parce que leurs besoins sociaux seraient comblés à la maison ? Cette grande satisfaction des retraités vivant en couple pourrait s'expliquer par le partage, entre autres, des responsabilités avec leurs partenaires. De plus, ils vivraient peut-être leur retraite plus aisément du fait qu'ils ne se retrouveraient pas isolés du jour au lendemain suite à la cessation de leur vie active et à la perte de leur réseau d'amis et de collègues. Il se pourrait aussi que le bien-être des personnes mariées avant la retraite soit le meilleur indicateur du bien-être des retraités ; si on est heureux avec son conjoint avant la retraite, il est fort possible que le couple continue à être heureux lorsqu'un ou les deux conjoints sont à la retraite. Dans la situation inverse, c'est-à-dire lorsqu'un couple n'est pas très harmonieux, on peut supposer que le fait de passer beaucoup plus de temps ensemble peut générer des difficultés nouvelles. Dans ce contexte, nous pouvons envisager que le mariage sera mis à l'épreuve par la retraite.

Il aurait été intéressant de mesurer le temps passé par le retraité avec sa famille. Avec cette information, nous aurions sans doute mieux compris l'effet du capital social du retraité sur son bien-être ; un retraité célibataire qui voit souvent les membres de sa famille aurait sans doute un meilleur bien-être qu'un retraité célibataire n'ayant pas de contact avec les siens. La qualité des liens familiaux des retraités varie en fonction des valeurs personnelles, des liens familiaux précédant la retraite, de la proximité géographique, ainsi que des besoins du retraité à entretenir des liens avec sa famille. Tous ces facteurs font partie du capital social et pourraient faire l'objet d'une recherche plus approfonfie ciblant précisément les personnes retraitées ou préretraitées.

L'étude sur les retraités conduite par Monette (1996) indiquait que l'augmentation de la fréquentation de la famille et de la pratique des loisirs était la principale raison pour laquelle les retraités retiraient plus de la vie qu'avant la retraite. Le capital social a donc une grande influence sur le bien-être des retraités et il est certainement bien plus diversifié que ce que notre définition opérationnelle nous a permis de mesurer.

En fait, la majorité des retraités rejoints par l'enquête sont mariés et semblent satisfaits de leur bien-être et de leurs conditions de vie. Puisqu'ils vivent en couple, on pourrait penser que ces retraités ont une situation familiale offrant davantage de support (intergénérationnel, s'ils ont des enfants) que les retraités célibataires. Quand on sait que, de nos jours, les taux de mariage[24] et de fertilité sont à la baisse et que l'incertitude face à un emploi permanent augmente, on peut imaginer que les prochaines générations de retraités n'auront pas tout à fait les mêmes supports affectifs que celles de leurs parents. L'absence de telles ressources pourrait affecter la perception que les prochaines générations auront de leurs troisième et quatrième âges. On peut alors insister sur le rôle des générations dans le capital social, sujet ayant été abordé au chapitre 5.

LA DURÉE DE RÉSIDENCE DANS LE LOGEMENT

Le statut matrimonial et le type de logement occupé vont de pair ; d'ailleurs plusieurs déménagements sont dus à la perte du partenaire. Façonnant l'appartenance à une communauté, la durée d'occupation d'un logement aurait une influence sur le capital social. En effet, une personne habitant dans le même logement depuis plus de 5 ou 10 ans devrait, en principe, connaître davantage ses voisins et les services offerts par sa communauté qu'une personne venant tout juste d'emménager dans le quartier. Notre

---

[24] D'après les données des recensements 1996 et 2001, le taux canadien de mariage s'est maintenu à 40 %, alors qu'il a diminué de 36 % à 33 % en Outaouais urbain (partie québécoise de région de la capitale nationale (tableau 97F0004XCB01001).

hypothèse est que les retraités habitant dans un logement depuis plus de 2 ans devraient être plus satisfaits de leurs conditions de vie et évalueraient mieux leur bien-être qu'un retraité nouvellement déménagé.

La satisfaction globale des conditions de vie (bien-être) des retraités est donc croisée à la durée de résidence dans le logement. Les 430 retraités se divisent inégalement entre les quatre catégories : 28 occupent leur logement depuis moins de 2 ans, 17 y sont depuis 2 à 5 ans, 22 depuis plus de 5 ans et 363 depuis plus de dix ans. L'évaluation du bien-être est similaire entre ces quatre catégories de retraités. Le lien entre ces deux variables croisées est quasi-inexistant avec un coefficient de contingence de $C = 0,063$, significatif à 0,919. Les résultats ne sont guère plus concluants lorsqu'on croise les variables de la durée d'occupation du logement et de la satisfaction à l'endroit des neuf conditions de vie. Pourtant certaines différences sont observées et les valeurs du F sont relativement hautes, ($F = 1,397$) notamment en ce qui a trait au support de l'entourage.

Ainsi, les retraités habitant leur logement depuis moins de deux ans sont plus satisfaits du support de leur entourage (3,92) que les retraités habitant leur logement depuis 2 à 5 ans (3,43), depuis plus de cinq ans (3,75) ou depuis plus de dix ans (3,78). Il se pourrait que ce niveau de satisfaction plus élevé chez les nouveaux habitants soit dû à une certaine aide reçue lors du récent déménagement. En fait, les nouveaux résidents (moins de deux ans) sont également les plus satisfaits de leur accès aux ressources de base, aux loisirs et ont une satisfaction égale aux retraités de plus de cinq ans en ce qui concerne l'accès aux services sociaux et de santé. Par contre, si on les compare aux retraités vivant dans le même logement depuis plus de dix ans, ils sont un peu moins satisfaits de leur logement, du voisinage et de leur implication dans la communauté.

Tableau 36 : Satisfaction des conditions de vie des retraités selon l'ancienneté dans le logement

		\multicolumn{9}{c}{Moyenne des satisfactions des répondants (sur une échelle de 1 à 5)}								
		\multicolumn{3}{c}{Cadre de vie}			Relations sociales			Accès commerces et services		
		Logement	Voisinage	Services publics	Interactions avec autres	Support entourage	Implication communauté	Ressources de base	Sociaux et santé	Loisirs et culture
Ancienneté	- de 2 ans	4,00	3,80	3,75	3,63	3,92	3,22	3,88	3,79	3,71
dans le	2 à 5 ans	3,93	3,86	3,79	3,60	3,43	3,17	3,71	3,77	3,42
logement	+ de 5 ans	3,89	3,79	3,61	3,90	3,75	3,39	3,84	3,79	3,58
Occupé	+ de 10 ans	4,13	3,88	3,76	3,78	3,78	3,40	3,83	3,72	3,61
	\multicolumn{10}{l}{* significatif (ou presque) pour l'ANOVA}									

Nous voyons que certains résultats vont dans le sens de l'hypothèse initiale, alors que d'autres la contredisent tout à fait. Tantôt la durée de résidence favorise les nouveaux résidents, tantôt elle favorise les plus anciens. Ces résultats peu concluants démontrent qu'il n'y a pas de lien particulier entre la durée de résidence et le bien-être des retraités. On peut donc dire que le capital social, s'il est défini par le statut matrimonial, jouera un rôle certainement plus important que la durée de résidence dans le logement.

8.2.3 Le capital humain

LE NIVEAU DE SCOLARITÉ

Le niveau de scolarité jouerait un rôle important sur le bien-être des retraités car étant plus instruits, ils seraient plus aptes à se réorienter à la retraite et en ressentiraient un bien-être supérieur. Est-ce que le bien-être est proportionnel au niveau de scolarité ? Afin de vérifier cette hypothèse, nous avons croisé l'évaluation globale des conditions de vie à la scolarité des retraités.

Graphique 4 : Le bien-être des retraités selon la scolarité

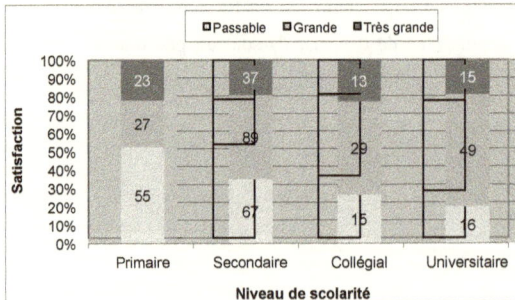

Les résultats sont concluants et ils confirment l'hypothèse en ce qui a trait au bien-être des retraités; le C = 0,253 et il est significatif (0,000). Nous sommes en

143

présence d'un lien assez fort. D'ailleurs, le khi carré d'une valeur de 29,858 est parmi les plus élevés que l'on ait calculé jusqu'à présent. Il va sans dire que le capital humain est la variable influençant le plus le bien-être des retraités, mais également le bien-être de tous les répondants.

En s'intéressant aux neuf conditions de vie, nous serons en mesure de mieux percevoir les différences créées par la scolarité. L'ANOVA souligne un lien assez important entre la satisfaction des conditions de vie des retraités et leur niveau d'instruction quant aux services publics (F = 2,667 / sig = 0,047), à l'accès aux ressources de base (F = 5,617 / sig = 0,001) à l'accès aux services sociaux et de santé (F = 4,791 / sig = 0,003) et à l'accès aux loisirs et à la culture (F = 4,038 / sig = 0,008).

Tableau 37 : Satisfaction des conditions de vie des retraités selon le niveau de scolarité

		Moyenne des satisfactions des répondants (sur une échelle de 1 à 5)								
		Cadre de vie			Relations sociales			Accès commerces et services		
		Logement*	Voisinage	Services publics*	Interactions avec autres	Support entourage	Implication communauté	Ressources de base*	Sociaux et santé*	Loisirs et culture*
Capital humain										
Plus haut	primaire	3,99	3,77	3,60	3,64	3,73	3,30	3,59	3,53	3,45
niveau de	secondaire	4,08	3,87	3,76	3,77	3,77	3,36	3,84	3,71	3,59
scolarité	collégial	4,29	4,00	3,86	3,89	3,88	3,55	3,93	3,82	3,71
atteint	universitaire	4,19	3,95	3,89	3,87	3,82	3,47	4,04	3,95	3,81
* significatif (ou presque) pour l'ANOVA										

Il n'est pas surprenant d'observer que plus un retraité est instruit, plus il lui est facile d'accéder à des ressources et des services pouvant lui être profitables. En fait, en comparant les moyennes de satisfaction, nous remarquons que le fossé s'agrandit entre la satisfaction des sous-groupes de retraités selon le nombre d'années aux études. En particulier, nous nous apercevons que les retraités de niveau primaire sont toujours les moins satisfaits pour chacune des neuf conditions de vie. C'est aussi le niveau primaire qui offre le plus grand nombre d'écarts significatifs entre les moyennes de satisfaction des retraités, notamment en comparaison avec les retraités du niveau secondaire quant à l'accès aux ressources de base dont l'écart est de -0,25 (t = -2,704 / sig = 0,007), alors que l'écart est de -0,18 pour l'accès aux services de santé (t = -1,980 / sig = 0,049).

Il en est de même pour la comparaison entre les moyennes de satisfaction des retraités des niveaux primaire et collégial où, en plus des écarts de -0,34 pour l'accès aux ressources de base (t = -2,650 / sig = 0,009) et de -0,29 pour l'accès aux services sociaux et de santé (t = -2,65 / sig = 0,009), s'ajouteront des écarts de -0,30 pour le logement (t = 2,269 / sig = 0,025), de -0,26 pour les services publics (t = -2,135 / sig = 0,035), de -0,25 pour les interactions sociales (t = -1,963 / sig = 0,052) et de -0,26 pour l'accès à la culture et aux loisirs (t = -2,157 / sig = 0,033).

Quand nous comparons les retraités de niveau primaire à ceux du niveau universitaire, nous remarquons les plus grands écarts : -0,29 pour les services publics (t = -2,642 / sig = 0,009), -0,23 pour les interactions avec les autres (t = -1,963 / sig = ,051), -0,45 pour l'accès aux ressources de base (t = -4,022 / sig = 0,000), -0,42 pour l'accès aux services sociaux et de santé (t =-3,818 / sig = 0,000) et –0,36 quant à l'accès aux loisirs et à la culture (t = -3,344 / sig = 0,001).

Ainsi, les différences entre les moyennes de satisfaction des conditions de vie des retraités s'amenuisent au fur et à mesure que le niveau de scolarité augmente. On remarque que les différences sont très faibles entre les moyennes de satisfaction des conditions de vie des retraités de niveau collégial et ceux de niveau universitaire; il y a très peu de différence entre celles des retraités de niveau secondaire et de niveau collégial dont le plus grand écart est de -0,21 pour le logement (t = -1,911 / sig = 0,057).

Bref, notre hypothèse est confirmée car il existe un lien très fort entre le niveau de scolarité et le bien-être des retraités. Comme le revenu est souvent associé au niveau de scolarité, on peut toutefois s'interroger quant aux effets réels de la scolarité ou dudit revenu.

LE REVENU FAMILIAL

Selon la littérature, un retraité bien nanti a davantage de contrôle sur sa vie qu'un retraité plus restreint financièrement. Nous croyons que le revenu influence directement le bien-être des retraités et nous avions posé deux questions sur leur situation financière :

une sur leur revenu lui-même et l'autre sur leur principale source de revenu. Nous nous concentrerons sur le revenu, lequel sera croisé au bien-être. Il faut préciser ici que les catégories de revenu, initialement au nombre de neuf, ont été regroupées en trois afin de simplifier l'analyse.

Graphique 5 : Le bien-être des retraités selon le revenu

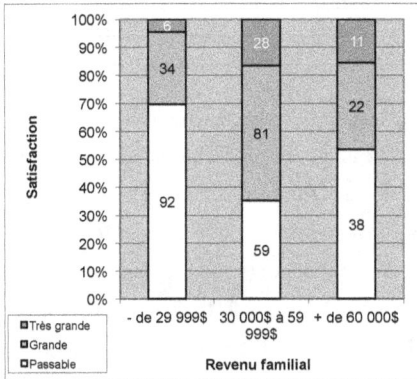

Le lien entre l'évaluation du bien-être des retraités et les trois catégories de revenu est très fort; la valeur du khi carré (38,171) surpasse même celle associée à la scolarité. De fait, il s'agit du lien le plus fort observé jusqu'ici. Le coefficient de contingence (C = 0,305 / sig = 0,000) le démontre bien. Plus de 70 % des retraités à « faible » revenu ont une satisfaction passable, alors que ce pourcentage diminue à 35 % pour les retraités à revenu moyen et à 55 % chez les retraités à revenu élevé. On peut remarquer que le très grand bien-être des retraités à revenu « moyen » et des retraités à « haut » revenu oscille autour de 15 %.

Un examen attentif de la satisfaction par rapport aux neufs conditions de vie permet d'identifier les composantes où l'effet du revenu est le plus ressenti. Nous voyons que les valeurs du F (satisfaction moyenne de l'ANOVA) sont significatives et appuient notre hypothèse. Les écarts sont particulièrement importants en ce qui a trait au logement (F = 11,123 / sig = 0,000), aux services publics (F = 4,489 / sig = 0,012), aux interactions avec les autres (F = 4,794 / sig = 0,009), à l'implication dans la communauté (F = 7,034 / sig = 0,001), à l'accès aux ressources de base (F = 7,772 / sig = 0,001) et à l'accès aux loisirs et à la culture (F = 6,887 / sig = 0,001).

Tableau 38 : Satisfaction des conditions de vie des retraités selon les revenus

Capital humain		Moyenne des satisfactions des répondants (sur une échelle de 1 à 5)								
		Cadre de vie			Relations sociales			Accès commerces et services		
		Logement*	Voisinage*	Services publics*	Interactions avec autres*	Support entourage	Implication communauté*	Ressources de base*	Sociaux et santé*	Loisirs et culture*
Revenu familial	Moins de 29 999 $	3,91	3,81	3,65	3,73	3,72	3,29	3,69	3,64	3,47
	30 000 $-59 999 $	4,21	3,87	3,83	3,74	3,77	3,39	3,93	3,81	3,67
	60 000 $ et plus	4,38	4,07	3,93	4,09	3,93	3,72	4,09	3,82	3,86
* significatif (ou presque) pour l'ANOVA										

Le tableau précédent nous révèle que le groupe le plus favorisé dans ce cas-ci est celui des 60 000 $ et plus. La satisfaction à l'endroit des conditions de vie des retraités ayant un revenu inférieur à 29 999 $, comparée à celle des retraités dont le revenu se situe entre 30 000 $et 59 999 $ nous donne des écarts importants de -0,30 pour le logement (t = -3,652 / sig = 0,000), de -0,18 pour les services publics (t = -2.385 / sig = 0,018), de -0,24 pour l'accès aux ressources de base (t = -2,932 / sig = 0,004), de -0,18 pour l'accès aux services sociaux et de santé (t = -2,110 / sig = 0,036) et de -0,20 pour l'accès aux loisirs et à la culture (t = -2,552 / sig = 0,011). Ces écarts sont significatifs et renforcent notre hypothèse quant à l'effet du revenu sur le bien-être. Notons également que les écarts entre les retraités à faible revenu et ceux à haut revenu sont tous significatifs, à l'exception de l'accès aux services sociaux et de santé.

D'ailleurs, la comparaison des satisfactions des retraités à revenu moyen et à revenu élevé annonce des différences tout aussi importantes. Les écarts les plus grands sont de -0,35 pour les interactions avec les autres (t = -2,949 / sig = 0,004) et de -0,33 pour l'implication dans la communauté (t = -2,641 / sig = 0,009). D'après ces résultats, on pourrait penser que les retraités ayant plus de 60 000 $ de revenu peuvent se permettre plus de sorties sociales ou culturelles et s'impliquer davantage dans leur communauté que les retraités à revenu moyen ou faible. Notre hypothèse est confirmée puisque le bien-être et la satisfaction à l'endroit des conditions de vie spécifiques sont liés au revenu des retraités; le lien provenant du coefficient de contingence, ainsi que la valeur du khi carré sont très forts. On peut se demander quelles seront les conséquences des retraites anticipées (avec pension réduite) et de l'espérance de vie plus longue sur le revenu moyen des retraités de demain, et par conséquent sur leur bien-être.

En fait, nous pensons que les attentes des retraités quant à leur style de vie et aux changements dus à la cessation du travail pourraient être influencées par la situation économique du pays et le taux de participation (*population active*) des personnes formant les générations plus jeunes. De plus, si on pense à l'augmentation des frais de scolarité, on peut supposer que certains parents vont devoir modifier leurs projets de retraite. Avec des enfants adultes aux études plus longtemps, la retraite à 55 ans devient plus difficile. De plus, avec l'augmentation des frais d'hébergement en maison de retraite et en centre d'accueil offrant des soins infirmiers, il se peut que les retraités de demain doivent continuer à travailler plus longtemps pour payer ces soins à leurs parents ou en prévision de leur propre vieillesse.

Ayant cessé de travailler plus jeunes et vivant désormais plus vieux que les générations précédentes, les retraités d'aujourd'hui pourraient prodiguer une aide aux générations plus jeunes, façonnant leur rôle social en un nouveau. Pourtant, si l'âge obligatoire de la retraite est repoussé (l'espérance de vie augmentant), on pourrait s'attendre à ce qu'au contraire, les retraités soient plus vieux et que leur implication envers les générations plus jeunes diminue. Une telle tendance pourrait augmenter la demande de services communautaires et de maisons d'hébergement.

De tels scénarios prennent pour acquis la bonne santé des personnes retraitées et la disponibilité de l'emploi leur permettant de continuer à travailler pour amasser de l'argent. De nos jours, la tendance à l'emploi précaire, aux contrats sans régime de pension et aux taux de participation incertains pourrait changer la vision des générations plus jeunes à l'endroit de la retraite. Le concept d'une diminution progressive des heures de travail pour les préretraités serait une option intéressante offrant aux plus jeunes l'expertise et les connaissances des préretraités, et à ces derniers, la chance de cesser de travailler à leur rythme et de concilier travail, loisirs et vie de famille. Ces spéculations nous permettent de penser que la retraite est un événement dont les modalités sont appelées à changer.

8.2.4 Les caractéristiques géographiques

Les caractéristiques géographiques dont on analysera l'effet sur le bien-être incluent certaines variables qualifiant le milieu, alors que d'autres touchent la mobilité des retraités.

LE MILIEU

La définition opérationnelle du milieu que nous avons adoptée réfère à son caractère central ou périphérique, et au type de quartier habité (central, de banlieue, périurbain) au sein de l'ancienne CUO. Les quartiers ont été classés en fonction de leur distance au centre-ville de la nouvelle ville de Gatineau (secteur Hull) et selon la disponibilité du transport en commun.

Le bien-être et la satisfaction vis-à-vis différentes conditions de vie ont été croisés au type de milieu. À cet égard, il est intéressant de constater que le nombre de retraités dans notre échantillon est presque égal dans les deux milieux : 217 en ville et 226 en périphérie. En effectuant les tests du khi carré et du coefficient de contingence sur les données du bien-être, nous remarquons que le coefficient de contingence est presque significatif (0,065). Pourtant le lien semble plutôt faible (C = 0,110) entre le type de milieu habité et la satisfaction des 443 retraités, surtout lorsqu'il est présenté à la suite du capital humain.

Graphique 6 : Le bien-être des retraités selon le type de milieu habité

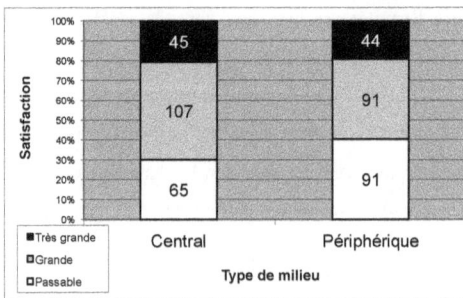

Malgré la faiblesse du lien (0,110), nous voyons que les retraités habitant la grande ville de Gatineau, soit le milieu central, semblent relativement plus satisfaits que les retraités de la périphérie. Ces derniers sont

149

plus nombreux à qualifier leur bien-être de passable, si bien qu'ils se retrouvent en proportion plus faible parmi les satisfaits, alors que la proportion est la même (20 %) quant à la très grande satisfaction.

Afin de mieux voir l'effet de milieu, nous avons croisé les satisfactions à l'endroit des neuf conditions de vie avec le type de milieu. Des écarts sont visibles et le test *t* nous donne des valeurs qui confirment les différences entre les deux groupes.

Tableau 39 : Satisfaction des conditions de vie des retraités selon le type de milieu

	Moyenne des satisfactions des répondants (sur une échelle de 1 à 5)								
	Cadre de vie			Relations sociales			Accès commerces et services		
Type de milieu	Logement	Voisinage*	Services publics*	Interactions avec autres	Support entourage	Implication communauté	Ressources de base*	Sociaux et santé*	Loisirs et culture
Central	4,16	3,94	3,83	3,79	3,75	3,35	4,05	3,82	3,66
Périphérique	4,05	3,82	3,70	3,77	3,82	3,45	3,63	3,66	3,58
* significatif (ou presque) pour le test *t*									

En fait, nous voyons que, si on fait exception du support des autres et de l'implication dans la communauté, les retraités du milieu central se considèrent grandement plus satisfaits que les retraités de la périphérie. Les écarts entre les moyennes sont remarquables en ce qui a trait au logement avec 0,11 (*t* = 1,772 / sig = 0,077), aux services publics avec 0,13 (*t* = 1,933 / sig = 0,077), à l'accès aux ressources de base dont l'écart est de 0,41 (*t* = 5,952 / sig = 0,000) et à l'accès aux services sociaux et de santé avec un écart de 0,16 (*t* = 2,187 / sig = 0,029). Les résultats obtenus sont en accord avec l'hypothèse voulant que les retraités en milieu central soient plus satisfaits, compte tenu des ressources plus nombreuses offertes par la ville de Gatineau. Ils confirment aussi l'effet du milieu rural et des valeurs prêtées aux relations sociales dans ce milieu sur la satisfaction à cet égard. De fait, nous pouvons relever que les relations sociales satisfont un peu plus les retraités en milieu périphérique qu'en milieu central. Même si la différence est faible entre ces deux groupes, il est intéressant de la noter.

L'étude des quartiers se voulait une distinction supplémentaire au point de vue géographique. En fait, nous cherchions à opposer les quartiers de la partie urbaine de l'Outaouais selon leur proximité au centre et les services de transport en commun entre autre.

Graphique 7 : Le bien-être des retraités selon le type de quartier

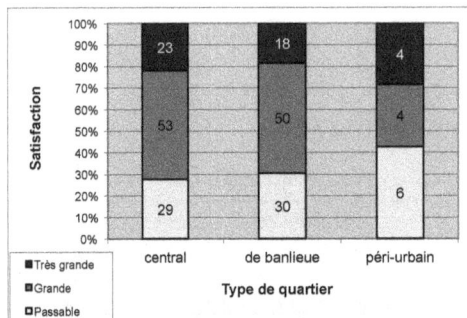

Pour ce qui est de la satisfaction selon le type de quartier habité dans la nouvelle ville de Gatineau, les 217 répondants, dont 105 du centre, 98 de la banlieue et 14 du secteur périurbain font à peu près les mêmes évaluations, à l'exception des retraités des quartiers périurbains situés à Buckingham et à Masson-Angers. Ces derniers sont proportionnellement plus nombreux à évaluer leur bien-être comme passable, soit 40 %, alors que leur très grand bien-être est le plus élevé avec un pourcentage d'environ 30 %. Le coefficient de contingence de 0,118 montre un certain lien entre le bien-être des retraités et le type de quartiers habités.

Offrant diverses ressources et différents lieux de socialisation, les quartiers font partie de la vie quotidienne. On connaît généralement mieux son quartier que le reste de sa ville et la retraite peut amplifier ce phénomène en réduisant les déplacements à l'extérieur du quartier. Or, le type de quartier ne semble pas avoir d'effet marquant sur le bien-être.

Que dit l'analyse des conditions de vie particulières? Les résultats du test *t* confirment le faible effet du quartier. En effet, les résultats sont assez semblables, quel que soit le type de quartier où l'on habite.

Tableau 40 : Satisfaction des conditions de vie des retraités selon le type de quartier

	Moyenne des satisfactions des répondants (sur une échelle de 1 à 5)								
	Cadre de vie			Relations sociales			Accès commerces et services		
Type de quartier	Logement	Voisinage	Services publics	Interactions avec autres	Support entourage	Implication communauté	Ressources de base	Sociaux et santé	Loisirs et culture
central	4,13	3,94	3,91	3,78	3,76	3,31	4,04	3,81	3,70
de banlieue	4,20	3,96	3,76	3,79	3,76	3,40	4,07	3,83	3,62
périurbain	4,08	3,82	3,73	3,82	3,67	3,27	3,91	3,73	3,55
* significatif (ou presque) pour le test ANOVA									

En fait, les seules différences notables entre les moyennes de satisfaction des retraités selon les quartiers sont de 0,15 pour les services publics (entre quartiers centraux et de banlieue), de 0,12 pour le voisinage, de 0,18 pour les services publics, de 0,13 pour l'accès aux ressources de base et de 0,15 pour l'accès aux loisirs et à la culture (entre quartiers centraux et périurbains), de 0,12 pour le logement, de 0,14 pour le voisinage, de 0,13 pour l'implication dans la communauté et de 0,16 pour l'accès aux ressources de base (entre quartiers de banlieue et périurbains).

Certes, la ville offre un plus grand choix de services comparativement à la périphérie et cela se reflète, jusqu'à un certain point, sur le bien-être perçu. Nous avons pu toutefois remarquer une tendance où la satisfaction des relations sociales était plus forte chez les retraités de la périphérie. Sauf pour ces derniers, on a observé peu de différence dans les moyennes de satisfaction des neuf conditions de vie selon le quartier. On pourrait penser que les retraités de l'Outaouais sont assez mobiles à l'intérieur de leur territoire. Voyons maintenant si la mobilité est importante.

LA MOBILITÉ

Notre définition opérationnelle de la mobilité inclut diverses variables : les voyages effectués, la possession d'une voiture, la présence d'un problème de santé limitant la mobilité et l'état de santé général. Nous traiterons ces quatre variables en deux analyses, soit celle des déplacements et celle de la santé

LES DÉPLACEMENTS

Deux variables ont été retenues pour caractériser les déplacements : les voyages et la possession d'une voiture. Nous avons croisé le bien-être des retraités avec les voyages effectués et ce croisement nous révèle que les retraités ayant voyagé ont un « grand » bien-être supérieur aux autres retraités.

Graphique 8 : Le bien-être des retraités selon le fait d'avoir voyagé

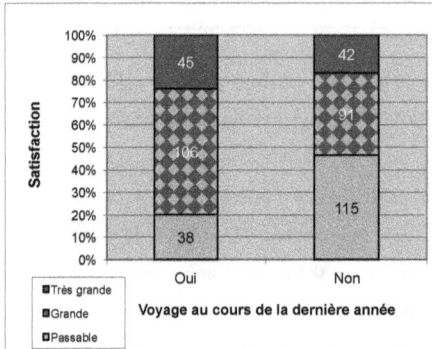

En fait, on remarque que seulement 20 % des retraités ayant voyagé ont un bien-être passable alors que ce pourcentage double (45 %) pour les retraités n'ayant pas voyagé. On peut donc croire que les voyages joueraient un rôle appréciable sur le bien-être des retraités, surtout avec un $C = 0,264$ (sig = 0,000). Le lien entre ces deux variables est grand, voire plus grand que celui entre le bien-être des retraités et leur scolarité (dont le C est de 0,253).

Devant ces résultats, il semble logique de penser que les voyages influencent la satisfaction des neuf conditions de vie des retraités, mais lesquelles en particulier? En observant le tableau suivant, nous remarquons que les différences attribuables aux voyages sont, pour la plupart, significatives et pertinentes à l'hypothèse.

Tableau 41: Satisfaction des conditions de vie des retraités selon le fait d'avoir voyagé

	Moyenne des satisfactions des répondants (sur une échelle de 1 à 5)								
	Cadre de vie			Relations sociales			Accès commerces et services		
	Logement*	Voisinage*	Services publics*	Interactions avec autres*	Support entourage	Implication communauté	Ressources de base*	Sociaux et santé	Loisirs et culture*
Voyage									
Oui	4,24	3,97	3,88	3,88	3,85	3,46	3,96	3,79	3,73
Non	3,99	3,81	3,67	3,71	3,75	3,35	3,74	3,69	3,53
* significatif (ou presque) pour le test *t*									

Nous pouvons souligner les résultats significatifs du test *t* dont les écarts entre les moyennes sont de 0,25 pour le logement ($t = 3,541$ / sig = 0,000), de 0,17 pour le voisinage (t = 2,354 / sig = 0,019), de 0,21 pour les services publics (t = 3,104 / sig = 0,002), de 0,17 pour les interactions (t = 2,291 / sig = 0,023), de 0,21 pour l'accès aux ressources de base (t = 2,931 / sig = 0,004) et de 0,19 pour l'accès aux loisirs et à la culture (t = 2,727 / sig = 0,007). D'après ces résultats, la satisfaction des 437 retraités à l'égard de différentes conditions de vie serait grandement influencée par le fait d'avoir voyagé au cours des 12 derniers mois. Le lien est également fort entre les voyages et le bien-être. En fait, la mobilité offerte par les voyages permet un changement d'environnement et constitue un gage de liberté, d'indépendance et d'autonomie pour les retraités.

LA POSSESSION D'UNE VOITURE

La possession d'une voiture peut sembler une variable anodine mais elle a, à notre avis, une certaine importance sur le bien-être des retraités. L'obtention d'un permis de conduire chez les jeunes adultes est un événement à la fois heureux et stressant, alors que la perte du permis de conduire est souvent dramatique pour un aîné car elle signifie qu'il perd une certaine autonomie. L'automobile permet de circuler librement dans un espace beaucoup plus vaste que celui qui est accessible par le transport en commun. Aussi, la conduite d'un véhicule motorisé est le type de transport préféré des Américains (GLASGOW et al. 2000, p. 109). D'ailleurs, les 441 retraités qui ont répondu à l'enquête semblent penser de même puisque la satisfaction est moins grande pour ceux ne possédant pas de voiture.

Graphique 9: Le bien-être des retraités en fonction de la possession d'une voiture

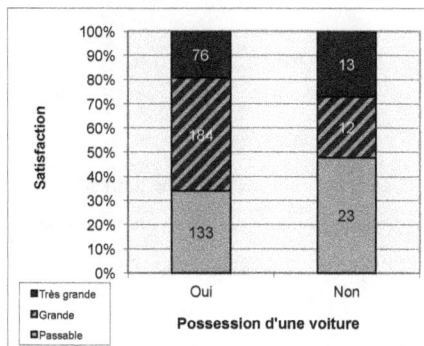

On voit que près de 50 % des retraités sans voiture connaît un bien-être « passable », alors que le pourcentage correspondant à ce faible niveau de satisfaction est beaucoup plus bas chez les retraités ayant une voiture. Il est toutefois surprenant de voir que les retraités sans voiture ont un « très grand » bien-être supérieur aux autres. En fait, avec un C = 0,136 (sig =

0,016), le lien n'est pas aussi fort qu'entre le bien-être et les voyages, mais il n'en demeure pas moins que la possession d'une voiture a une certaine influence sur le bien-être des retraités comparable à celle joué par le type de milieux et le type de quartiers habités.

Quelques auteurs, dont Moen, Phyllis et al. (2000), insistent sur l'importance du transport chez les personnes vieillissantes, en soulignant qu'une automobile favorise l'intégration sociale, surtout en milieu rural.

Tableau 42 : Satisfaction des conditions de vie des retraités en fonction de la possession d'une voiture

	Moyenne des satisfactions des répondants (sur une échelle de 1 à 5)								
	Cadre de vie			Relations sociales			Accès commerces et services		
	Logement	Voisinage	Services publics	Interactions avec autres	Support entourage	Implication communauté	Ressources de base*	Sociaux et santé	Loisirs et culture*
Voiture									
Oui	4,12	3,88	3,75	3,80	3,80	3,40	3,86	3,74	3,64
Non	3,98	3,78	3,84	3,63	3,68	3,35	3,62	3,66	3,46
* significatif (ou presque) pour le test *t*									

L'évaluation de l'accès aux ressources, qu'elles soient de base, avec un écart de 0,24 entre les moyennes ($t = 1,988$ / sig = 0,047) ou liées à la culture et aux loisirs, dont l'écart est de 0,21 ($t = 1,693$ / sig = 0,091), est grandement conditionnée par le fait de posséder une voiture. Or, dans tous les cas sauf un, la satisfaction moyenne est plus élevée quand on possède une voiture. On peut donc dire que la qualité de vie des retraités en Outaouais est affectée par leur mobilité, celle-ci étant assurée par la possession d'une voiture. De plus, un sentiment d'indépendance est associé au fait de pouvoir se déplacer librement et à sa guise.

LA SANTÉ

Sur les 443 retraités ayant indiqué la présence de problèmes de santé limitant leur mobilité, 310 d'entre eux disent ne « jamais » ou « rarement » souffrir de problèmes de santé. Ces deux sous-groupes ont les plus hauts pourcentages (approximativement 50 %) de retraités ayant un « grand » bien-être.

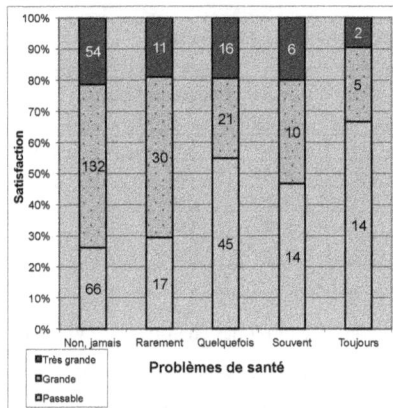

À l'aide du coefficient de contingence, nous voyons que le lien entre le bien-être et la présence de problèmes de santé est assez fort (C = 0,279 / sig = 0,000). On peut donc dire que le bien-être diminue avec la présence de problèmes de santé, ce que confirme le khi carré qui est de 37,434. Toutefois, on remarque que le « très grand » bien-être se maintient autour de 20 % pour chacune des évaluations de la santé, à l'exception des retraités souffrant toujours de problèmes de santé limitant leur mobilité. On pourrait alors croire que le bien-être des retraités est non seulement influencé par les problèmes de santé, mais également par un facteur autre favorisant leur bien-être. Il se pourrait que l'attitude de la personne face à ses conditions de vie et à ses besoins y soit pour quelque chose.

Le tableau suivant présente l'évaluation de la satisfaction des retraités à l'endroit de leurs conditions de vie et en fonction de problèmes de santé limitant la mobilité. Les problèmes rendent difficile leurs interactions avec les autres (F = 2,992 / sig = 0,019), leur implication dans la communauté (F = 2,876 / sig = 0,023) et leur accès aux loisirs et à la culture (F = 2,390 / sig = 0,05). Ces problèmes rendent aussi plus ardues certaines activités à l'extérieur du foyer, mais également à l'intérieur puisque la satisfaction à l'endroit du logement est aussi affectée par ces derniers (F = 3,416 / sig = 0,009).

Tableau 43 : Satisfaction des conditions de vie des retraités en fonction de problèmes de santé pouvant limiter la mobilité

		Moyenne des satisfactions des retraités (sur une échelle de 1 à 5)								
		Cadre de vie			Relations sociales			Accès commerces et services		
		Logement*	Voisinage*	Services publics	Interactions avec autres	Support entourage	Implication communauté	Ressources de base	Sociaux et santé	Loisirs et culture*
Évaluation de la santé										
Problèmes de santé limitant la Mobilité	Jamais	4,16	3,90	3,77	3,81	3,78	3,39	3,87	3,74	3,65
	Rarement	4,29	3,96	3,88	4,00	3,90	3,63	3,96	3,85	3,79
	Quelquefois	3,92	3,90	3,69	3,67	3,75	3,32	3,71	3,71	3,56
	Souvent	3,82	3,71	3,74	3,48	3,67	3,13	3,67	3,71	3,38
	Toujours	4,05	3,58	3,67	3,61	3,79	3,41	3,74	3,56	3,35

* significatif (ou presque) pour l'ANOVA

En comparant les moyennes de satisfaction à l'endroit des conditions de vie selon les problèmes de santé des retraités, nous ferons ressortir des écarts intéressants. Nous obtenons des écarts importants en comparant les moyennes des retraités souffrant « rarement » ou « souvent » de problèmes de santé aux moyennes des retraités souffrant « rarement » ou « toujours » de problèmes de santé. Ceux qui souffrent rarement et ceux qui souffrent souvent de problèmes de santé ont des écarts appréciables, favorisant les retraités ne souffrant que rarement de problèmes de santé, de 0,47 pour le logement (t = 2,69 / sig = 0,009), de 0,52 pour les interactions (t = 2,933 / sig = 0,004), de 0,24 pour le support (t = 1,346 / sig = 0,182), de 0,51 pour l'implication (t = 2,856 / sig = 0,006) et de 0,30 pour l'accès aux ressources de base (t = 1,686 / sig = 0,096).

Pour ce qui est des écarts entre les retraités souffrant rarement et ceux souffrant toujours de problèmes de santé, les plus forts sont de 0,38 pour le voisinage (t = 1,905 / sig – 0,061), de 0,22 pour les services publics (t = 1,076 / sig = 0,286), de 0,30 pour l'accès aux ressources de base (t = 1,385 / sig = 0,17) et de 0,44 pour l'accès aux loisirs et à la culture (t = 2,171 / sig = 0,034). On peut alors remarquer que les retraités affirmant souffrir rarement de problèmes de santé se disent davantage satisfaits de leurs neuf conditions de vie que ceux n'en souffrant jamais! Cela nous permet de réaffirmer que le bien-être et la satisfaction des conditions de vie dépendent beaucoup de la perception qu'une personne retraitée a de sa vie. Notre hypothèse est en partie vérifiée.

Finalement, en ce qui concerne l'évaluation de l'état de santé général, la majorité (377) des retraités se disent en « bonne », en « très bonne » ou en « excellente » santé; cela qui n'est pas très surprenant, compte tenu que les personnes de notre échantillon sont âgées entre 55 et 75 ans. Le graphique qui suit montre que l'état de santé général affecte grandement la satisfaction générale.

Graphique 11 : Le bien-être des retraités selon leur état de santé général

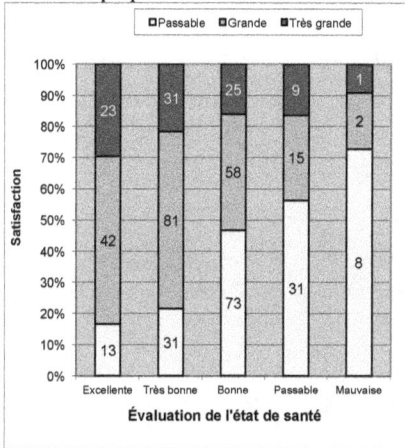

Sur les 221 retraités se disant en excellente ou en très bonne santé, un total de 177 d'entre eux disent avoir un « grand » ou un « très grand » bien-être alors que seulement 20 % de ces retraités (44) disent avoir un bien-être « passable ». L'évaluation de l'état de santé général des retraités est en effet étroitement liée au bien-être (C = 0,324 / sig = 0,000) dont le khi carré de 51,782 a la plus haute valeur de tous.

En observant les conditions de vie une à une, nous notons que les moyennes de satisfaction vis-à-vis le logement (F = 3,127 / sig = 0,015), le voisinage (F = 1,246 / sig = 0,048) et l'accès aux loisirs et à la culture (F = 1,151 / sig = 0,048) sont les plus affectées par l'état de santé général.

Tableau 44 : Satisfaction des conditions de vie des retraités selon l'étant de santé général

		Moyenne des satisfactions des retraités (sur une échelle de 1 à 5)								
		Cadre de vie			Relations sociales			Accès commerces et services		
		Logement*	Voisinage	Services publics	Interactions avec autres*	Support entourage	Implication communauté*	Ressources de base	Sociaux et santé	Loisirs et culture*
Évaluation de la santé										
État de santé général	Excellente	4,27	4,00	3,83	3,92	3,80	3,31	3,95	3,77	3,69
	Très bonne	4,20	3,96	3,84	3,80	3,80	3,47	3,91	3,77	3,72
	Bonne	3,98	3,77	3,65	3,75	3,78	3,42	3,77	3,73	3,57
	Passable	3,96	3,85	3,82	3,63	3,77	3,23	3,71	3,66	3,43
	Mauvaise	4,00	3,50	3,55	3,60	3,64	3,44	3,55	3,40	3,30

* significatif (ou presque) pour l'ANOVA

En comparant les satisfactions des retraités selon leur état de santé général, nous voyons une nette différence entre les évaluations faites par ceux qui sont en « excellente » ou en « très bonne santé » et les autres, mais aucune différence significative n'apparaît entre ces deux sous-groupes. Les écarts les plus intéressants sont entre les retraités dont la santé est mauvaise (minima) et les retraités en excellente santé (maxima).

On note un écart de 0,31 ($t = 2,218$ / sig = 0,028) entre les retraités en excellente santé et ceux ayant une santé passable en ce qui concerne leur satisfaction de leur logement. En fait, les retraités dont la santé est passable (3,23) évaluent également moins bien leur implication dans la communauté comparativement, cette fois-ci, aux retraités en très bonne santé (3,47) dont l'écart est de 0,24 ($t = 2,099$ / sig = 0,037). Ces derniers ont la meilleure satisfaction vis-à-vis l'accès aux loisirs et à la culture (3,72), surtout lorsqu'ils sont comparés aux retraités en mauvaise santé (3,30) dont l'écart est de 0,29 ($t = 2,457$ / sig = 0,015).

Pour ce qui est des autres composantes des conditions de vie, le maximum appartient aux retraités dont la santé est excellente, alors que le minimum revient aux retraités en mauvaise santé. Le voisinage enregistre le plus grand écart avec 0,50 ($t = 1,956$ / sig = 0,054). Les services publics ont un écart de 0,28 qui n'est pourtant pas significatif ($t = 1,240$ / sig = 0,219), tout comme les écarts de 0,32 ($t = 1,28$ / sig = 1,204) pour les interactions avec les autres, de 0,17 pour le support de l'entourage, de 0,40 ($t = 1,677$ / sig = 0,096) pour l'accès aux ressources de base et de 0,37 (t = 1,698 / sig = 0,098) pour l'accès aux services sociaux et de santé.

La composante dont l'effet est le plus significatif est le logement. Ainsi, il semble que le cadre de vie immédiat préoccupe davantage les retraités ayant une moins bonne santé que les relations sociales ou l'accès aux commerces et aux services, comme s'ils en ressentaient plus les défauts. En fait, les retraités rejoints par cette enquête évaluent leur bien-être général et la satisfaction de leurs conditions de vie spécifiques proportionnellement à la présence de problèmes de santé limitant leur mobilité ou à l'état de santé général. Il y a une forte relation statistiquement significative en accord avec certaines études mentionnées au chapitre 5. L'hypothèse est donc vérifiée, la santé physique est donc un facteur déterminant du bien-être des retraités en Outaouais, comme un peu partout, tel que nous l'avions identifié dans la recension des écrits.

8.3 CONCLUSION

En conclusion, nous pouvons dire que la vérification des hypothèses nous a permis d'identifier deux grands types de facteurs (caractéristiques) favorisant légèrement ou grandement le bien-être et la satisfaction des retraités vis-à-vis leurs conditions de vie. Parmi les facteurs influençant faiblement le bien-être (surtout les conditions de vie), nous comptons le sexe et le capital social. Ainsi, une différence notable est à souligner entre les femmes et les hommes. Cette différence contredit l'effet du rôle social défendu par certains auteurs pour qui, au contraire, le rôle social des femmes contribuerait à favoriser leur bien-être, tout au moins en ce qui concerne leurs relations sociales. Quant au capital social, on remarque que les retraités en couple semblent grandement plus satisfaits de leur logement et du support de leur entourage, alors que les retraités veufs sont plus satisfaits de leurs interactions avec les autres. En fait, les retraités séparés/divorcés et les retraités célibataires sont les plus désavantagés de tous.

Pour ce qui est des facteurs influençant davantage le bien-être des retraités, nous notons le rôle du capital humain et des caractéristiques géographiques. Le niveau de scolarité et le niveau de revenu influencent grandement et en même temps le bien-être et la satisfaction des conditions de vie, favorisant les plus instruits et les plus riches. Quant aux caractéristiques géographiques, elles se divisent en deux : le milieu et la mobilité. Le milieu affecte peu le bien-être, mais affecte surtout la satisfaction ressentie à l'endroit de l'accès à différents produits et services : différence favorisant les retraités de la nouvelle ville de Gatineau comparativement aux retraités habitant en milieu périphérique. En fait, parmi les caractéristiques géographiques, c'est la mobilité qui joue le plus grand rôle. Ainsi, le fait d'avoir voyagé, de posséder une voiture, de ne pas souffrir de problèmes de santé limitant la mobilité et d'avoir un bon état de santé général jouent un rôle important et sur le bien-être et sur la satisfaction des conditions de vie des retraités. En plus de la santé, des voyages et de la possession d'une voiture, les indicateurs d'une bonne retraite en Outaouais sont surtout une bonne situation financière, l'instruction, la vie en couple et, nous en avons la conviction profonde, une bonne satisfaction de la vie en général.

Enfin, nous croyons que la retraite est une étape appelée à changer et ce, pour plusieurs raisons : les changements au sujet de l'âge obligatoire de la retraite, l'espérance de vie augmentant au même rythme que les progrès de la médecine et les nouvelles technologies facilitant notre vie, pour ne nommer que celles-là. Nous soupçonnons que la retraite se vivra probablement comme tout autre événement de la vie demandant une certaine adaptation; que ce soit la naissance d'un enfant, un nouvel emploi ou la perte d'un être cher. Chacun de ces événements est vécu différemment selon chacun de nous... Pourquoi n'en serait-il pas de même pour la retraite?

CHAPITRE 9

LA CONCLUSION

Les objectifs et la problématique

Notre recherche avait pour objectif d'évaluer le bien-être (subjectif) des résidents de l'Outaouais en rapport avec l'événement de la retraite. Cette nouvelle étape de vie générait-elle autant de bénéfices qu'on l'espérait ? Était-elle vécue de la même façon aux niveaux physique, psychologique, social et environnemental ? Différentes raisons expliquent notre intérêt pour les retraités de l'Outaouais. D'abord, c'est une région relativement jeune, comparativement au reste du Québec, mais dont la population devrait vieillir de façon relativement rapide si on se fie aux projections démographiques. Aussi, l'Outaouais est un milieu hétérogène (au plan économique et au point de vue des types de milieux) et il nous a semblé intéressant de connaître l'effet du milieu sur le bien-être des retraités. On peut affirmer, par ailleurs, que les études sur la retraite sont en pleine expansion, mais ces dernières sont conduites dans des régions du Québec autres que l'Outaouais. Enfin, depuis plusieurs années, les chercheurs en sciences sociales s'intéressent à la retraite et au bien-être, mais peu de géographes se sont penchés sur la question. Compte tenu du nombre important de personnes qui prendront leur retraite au cours des prochaines années et du peu d'études sur le bien-être des retraités en Outaouais, il nous est apparu important d'examiner cette question dans une perspective environnementale.

Cette recherche a été mené dans le cadre du projet *Iniquités géographiques et bien-être : la population âgée de l'Outaouais*. Les données utilisées ont été recueillies par l'équipe de ce projet, qui nous a aussi fourni le modèle environnemental du bien-être (Langlois et Anderson). Au sein de ce projet, nous nous sommes penchés plus spécifiquement sur le rôle de la retraite sur le bien-être. Comme la retraite est généralement associée au début de la vieillesse, beaucoup de retraités sont affectés du fait qu'ils ne jouent plus un rôle très important dans la société. Ils doivent donc s'adapter à un nouveau style de vie (gestion du temps), à des relations différentes avec l'environnement ainsi qu'à des relations sociales nouvelles, sinon différentes. C'est ce que nous avons voulu explorer.

Les hypothèses

Les hypothèses formulées sont largement inspirées du modèle environnemental du bien-être des retraités créé à partir du modèle de Langlois et Anderson, ainsi que du modèle de la retraite d'Atchley. Le milieu particulier qu'est l'Outaouais nous a également servi de base en ce qui concerne les hypothèses formulées au sujet du rôle de l'environnement. Elles se divisent en hypothèses principales et secondaires à l'aide desquelles nous avons effectué une analyse en deux étapes À la première étape, il s'agissait de mesurer l'effet de la retraite à l'aide de l'échantillon complet, alors qu'à la seconde, il fallait mesurer l'effet des caractéristiques personnelles et géographiques à l'aide de l'échantillon des retraités.

La première hypothèse principale se concentre sur l'effet de la cessation du travail et de l'adaptation nécessaire en fonction du temps. Elle compare donc la moyenne des satisfactions des retraités à celle des non-retraités. Deux hypothèses secondaires se concentrent respectivement sur les retraités et les non-retraités afin de souligner l'effet des phases d'Atchley. Par la suite, les quatre autres hypothèses principales ciblent les retraités en particulier afin d'identifier les facteurs du modèle environnemental du bien-être des retraités ayant le plus d'effet sur ce bien-être. Les facteurs étudiés sont le sexe, le capital social, le capital humain et les caractéristiques géographiques.

Ainsi, la deuxième hypothèse principale cherche à isoler la variable « sexe » afin de voir si le rôle social, différent pour les femmes et les hommes, exerce une influence permettant de les différencier par leur bien-être. La troisième hypothèse principale cherche à évaluer le rôle du capital social ; elle se divise en deux hypothèses secondaires : la première portant sur l'état matrimonial et la seconde sur la durée de résidence dans le logement. Pour ce qui est de la quatrième hypothèse principale sur le capital humain, elle se divise en deux hypothèses secondaires, l'une mesurant l'effet de la scolarité et l'autre l'effet du revenu sur le bien-être et la satisfaction des conditions de vie des retraités.

Finalement, la cinquième hypothèse principale, et qui a retenu plus spécialement notre attention, se divise en deux grands types d'hypothèses secondaires évaluant le rôle du milieu et celui de la mobilité sur le bien-être des retraités de l'Outaouais. L'effet de l'environnement sur les retraités est mesuré à partir de deux hypothèses secondaires portant respectivement sur le type de milieu habité et sur le type de quartier du milieu central. Quant à la mobilité des retraités, elle est mesurée à l'aide de trois hypothèses secondaires, à savoir le fait de posséder une voiture, le fait d'avoir voyagé au cours de la dernière année et l'état de santé.

Des résultats concluants

Quelques faits saillants méritent d'être soulignés, bien que la retraite en soi n'ait pas eu sur le bien-être une influence aussi importante que l'on avait pensé. En fait, dans la recension des écrits, nous avons même observé une divergence d'opinions entre les auteurs, dont un affirmait même que la retraite avait un effet neutre sur le bien-être. D'après les résultats que nous avons obtenus, nous pouvons affirmer que la retraite ne semble pas avoir un effet sur le bien-être, bien qu'elle change le rôle social, ce dernier étant susceptible d'affecter le bien-être en conjonction avec d'autres facteurs. D'après nos observations, on peut classer ces facteurs en deux catégories : ceux qui ont peu d'effet et ceux qui ont un effet considérable.

Les facteurs de la première catégorie ont un effet plutôt subtil sur le bien-être ; on parle du sexe des retraités, ainsi que de leur statut matrimonial, partie du capital social. Le sexe n'affecte pas le bien-être général, mais marque tout de même une différence dans la satisfaction des conditions de vie. Les résultats obtenus soulignent bien la satisfaction plus grande des femmes vis-à-vis leurs relations sociales (le voisinage, les interactions sociales et le support de l'entourage). Nous avons noté avec étonnement une différence entre la perception des auteurs au sujet du rôle social des femmes et la perception/satisfaction des femmes elles-mêmes à ce sujet. Quant au statut matrimonial, il nous a permis d'identifier les groupes de retraités les plus satisfaits de leurs conditions de vie : les retraités en couple (mariés ou en union libre) ainsi que les retraités veufs. Chez les retraités en couple, on note que leurs satisfactions à l'endroit du logement (leur plus grande satisfaction) et du support de l'entourage sont significatives. On explique leur bien-être par le partage des tâches, des responsabilités, des problèmes, des joies et des peines. Tout porte à croire que la retraite à deux, c'est mieux ! Pour ce qui est des retraités veufs, ces derniers semblent plus heureux de leurs relations sociales, en particulier de leur voisinage, de leurs interactions avec les autres et de leur implication dans la communauté. Toutefois, le lien était inexistant entre sexe et statut matrimonial lorsque chacun était croisé au bien-être général. Nous avons noté cependant un certain lien lorsque ces facteurs étaient croisés à la satisfaction des conditions de vie des retraités.

La seconde catégorie de facteurs nous a permis d'établir un lien beaucoup plus fort entre les variables, malgré un coefficient de contingence plutôt faible. On y retrouve le capital humain et les caractéristiques géographiques. Le capital humain, regroupant les caractéristiques socio-économiques, affecte à la fois le bien-être des retraités et leurs conditions de vie. Pour ce qui est de la scolarité, elle joue un grand rôle sur le bien-être général et sur les conditions de vie, particulièrement sur la satisfaction à l'endroit des services publics, de l'accès aux services sociaux et de santé, et de l'accès aux loisirs et à la culture. Quant au revenu, il joue également un grand rôle sur le bien-être général, mais aussi sur l'ensemble des conditions de vie, à l'exception du support de l'entourage.

Quant aux caractéristiques géographiques, la mobilité influence davantage le bien-être des retraités que le milieu. Il est d'ailleurs intéressant de souligner que l'Outaouais est un milieu dont la ville principale, Gatineau, comparativement aux autres municipalités, facilite l'accès aux ressources de base, ce qui contribue à leur bien-être. Quant aux facteurs associés à la mobilité, ils ont un lien important avec le bien-être. Effectuer des voyages, posséder une voiture, ne pas souffrir de problèmes de santé affectant la mobilité et jouir d'un bon état de santé général sont autant de facteurs favorisant un grand bien-être et une plus grande satisfaction de ses conditions de vie.

À notre avis, la présente recherche a démontré que la simple relation entre le bien-être et le fait d'être retraité est faible, mais qu'il faut considérer autre chose que la retraite à titre de changement. En fait, la retraite n'est pas l'événement déclencheur d'un faible ou d'un meilleur bien-être, mais elle joue un rôle en conjonction avec d'autres facteurs, étant donné qu'elle marque un changement dans le statut social. D'après notre analyse des données, la retraite nuirait davantage au bien-être des personnes l'évaluant faiblement avant la cessation d'emploi ou ayant vécu cette expérience de façon négative. Au contraire, elle affecterait positivement les personnes déjà satisfaites de leurs conditions de vie et dont les besoins sont comblés. Le bien-être des gens s'inscrirait dans un processus continu où une personne satisfaite de sa vie le demeurera à la retraite, alors qu'une personne attendant la retraite pour s'épanouir pourrait être déçue. Finalement, le bien-être des retraités semble davantage influencé par certaines caractéristiques personnelles (santé et capitaux humain et social) que par l'environnement dans lequel ils évoluent.

Améliorations et limites de la thèse

Les variables choisies pour évaluer l'effet de la retraite sur le bien-être n'ont pas tenu compte de tous les aspects de la question. Nous avons choisi surtout des variables indépendantes quantitatives, puisque l'étude des variables qualitatives, aussi nombreuses qu'elles puissent être dans le cas des retraités, aurait exigé un travail plus ardu et davantage de temps.

À notre avis, il serait important de poursuivre l'étude de l'effet de la cessation du travail, mais en effectuant des enquêtes directes à l'aide d'un questionnaire majoritairement composé de questions ouvertes plutôt que fermées, comme ce fut le cas pour cette thèse. Ainsi, on pourrait mieux mesurer l'effet du nombre d'années à la retraite et identifier de façon plus précise la présence des phases d'Atchley. Une étude longitudinale aurait peut-être permis de mieux cerner l'effet de la retraite sur le bien-être.

Quant aux limites, deux méritent d'être soulignées. La première a trait à la définition même de la retraite, alors que la seconde concerne surtout l'échantillon utilisé, où les personnes plus âgées et à la retraite depuis plus de 5 ans étaient surreprésentées. Le flou de la définition du terme « retraite » a éventuellement biaisé nos résultats, mais a toutefois mis en lumière le fait suivant : la perception que le répondant avait de son bien-être en tant que retraité a sans doute joué un rôle plus important que la définition opérationnelle de départ.

En ce qui concerne la seconde limite et tel que mentionné précédemment, notre échantillon comptait une proportion importante de répondants retraités depuis plus de cinq ans ; il s'agit d'une population pour qui la retraite était un événement plutôt « ancien » et dont l'effet avait sans doute diminué avec le temps. D'ailleurs, ces retraités font partie d'une autre génération et n'ont sans doute pas les ressources financières que les nouveaux retraités auront, ces derniers ayant été fréquemment sollicités par les institutions financières et encouragés par les gouvernements, par le biais d'avantages fiscaux, à investir dans des régimes enregistrés d'épargne retraite (REER). En fait, un facteur souligné par Pillemer, Moen, Wethington et Glasgow (2000) est que la retraite est vécue différemment par les différentes cohortes ayant vécu des expériences distinctes ; chaque génération a sa façon unique de se fixer des objectifs, des attentes et un style de vie à la retraite.

Portée de la thèse

D'après nos résultats, l'effet de la retraite sur le bien-être n'est pas la question centrale; c'est plutôt l'importance que nous accordons à la retraite dans nos vies qui créerait l'effet qu'elle a sur le bien-être. On comprend alors mieux que la retraite ne soit ni un événement fixe dans le temps, ni une rupture difficile à vivre, mais plutôt une transition continue dans l'esprit et la vie des gens. De plus, la retraite, tout comme les personnes qui la vivent, est probablement appelée à changer et ce, pour plusieurs raisons déjà expliquées. On peut croire facilement que les retraités d'hier n'ont pas vécu leur retraite comme la vivent ceux d'aujourd'hui, et, en principe, les retraités de demain vivront une retraite différente de celle des retraités d'aujourd'hui puisque la société occidentale évolue aux plans social, médical et technologique à un rythme vertigineux. De plus, selon l'Organisation de coopération et de développement économique (OCDE), il se peut même que les futurs retraités soient encouragés à demeurer sur le marché du travail plus longtemps. L'OCDE vient en effet de publier deux premiers rapports (sur la Suède et la Belgique) et le communiqué les accompagnant nous informe que :

> Si la tendance au départ précoce à la retraite n'est pas enrayée, certains pays riches vont connaître des pénuries de main-d'œuvre, un ralentissement de la croissance et un gonflement des prestations de sécurité sociale. [...] En Belgique, où la cessation anticipée d'activité a été encouragée pendant plus de 20 ans, seulement 41 % des personnes de 50 à 64 ans occupaient un emploi en 2001. (*Le Devoir*, p. B5, 24 avril 2003)

Qui sait? Les retraités de demain envieront peut-être ceux d'aujourd'hui...

Nous espérons que cette recherche contribue à approfondir les connaissances au sujet du bien-être des retraités en Outaouais et aide à mieux comprendre leurs comportements et leurs attitudes envers leur environnement. Nous souhaitons aussi qu'elle ait contribué, malgré quelques difficultés, à l'identification de certaines caractéristiques jouant un grand rôle sur le bien-être des retraités dans la région; caractéristiques dont l'effet était parfois surprenant ou allait même en sens contraire des écrits recensés (p. ex., le rôle social des femmes âgées). En fait, nous osons croire que cette thèse participe à la démystification de l'effet de la retraite sur le bien-être, en ce sens qu'elle confirme son caractère très aléatoire.

BIBLIOGRAPHIE

ABELES, R.P., H.C. GIFT and M.G. ORY, eds. (1994). *Aging and Quality of Life*, New York: Springer Publishing co.

AGENCE FRANCE PRESSE (2003) L'OCDE met en garde contre la retraite précoce, *Le Devoir*, jeudi 24 avril 2003, p. B5.

AMSTER, Leslie Ellen and Herbert H. KRAUSS (1974). The Relationship between life crisis and mental deterioration on old age, *International Journal of Aging and Human Development*, Vol. 5, No. 1, p. 51-55.

ANCTIL, Hervé (1995). Être baby-boomers, ça ne change pas le monde sauf que…, *Le gérontophile*, vol. 17, n° 2, p. 9-12.

ANDERSON, Dale, Zachary OUELLETTE-TREMBLAY et Anne GILBERT (2000). *Facteurs de bien-être de la population vieillissante, Le point de vue des intervenants de l'Outaouais* pour le projet *Iniquités géographiques et bien-être: la population âgée de l'Outaouais*, Rapport de recherche n° 4, Département de géographie, Université d'Ottawa.

ANDREW, Caroline et Anne GILBERT (à paraître). Les facteurs du bien-être de la population vieillissante : le point de vue des intervenants, *La Revue canadienne des Sciences Régionales*.

ANDREWS, Clinton J. (2001). Analysing quality-of-place, *Environment and Planning B: Planning and Design*, Vol. 28, p. 201-217.

ANDREWS Frank M. and Stephen B. WITHEY (1976). *Social Indicators of Well-Being: American's Perception of Life Quality*, Plenum Press, New York.

ANDREWS, Frank M. ed. (1986). *Research on Quality of Life*, Ann Arbor : Institute for Social Research, University of Michigan.

ATCHLEY, Robert (1977). *The Social Forces in Later Life, An Introduction to Social Gerontology, Second Edition*, Wadsworth Publishing Company, Belmont, California.

ATCHLEY, Robert (1980). *The Social Forces in Later Life, An Introduction to Social Gerontology, Third Edition*, Wadsworth Publishing Company, Belmont, California.

ATCHLEY, Robert C. (1982-a). Retirement as a Social Institution, *Annual Review of Sociology*, Vol. 8, p. 263-287.

ATCHLEY, Robert C. (1982-b). Retirement: Leaving the World of Work, *The Annals of the American Academy of the Political and Social Science*, No. 464, p. 120-131.

ATCHLEY Robert C. and J.L. ROBINSON (1982). Attitudes towards retirement and distance from the event, *Research on aging*, Vol. 4, p. 299-313.

ATCHLEY, Robert C. (1993). Continuity theory and the Evolution of activity in Later Life, in J.R. Kelly *Activity and Aging: Staying Involved in Later Life*, Newbury Park, CA, SAGE.

ATTIAS-DONFUT, Claudine (1988). *Sociologie des générations. L'empreinte du temps*, PUF, Paris.

ATTIAS-DONFUT, Claudine (1997). Solidarités invisibles entre générations, *Projet ou La retraite dans le désordre*, n° 249, p. 45-54.

BABBIE, Earl, Fred HALLEY and Jeanne ZAINO (2000). *Adventures in social research: Data Analysis using SPSS for Windows 95/98*, Pine Forge Press, Californie.

BAILLY, Antoine (1981). *La géographie du bien-être*, PUF.

BAILLY, Antoine, Antonio CUNHA et Jean-Bernard RACINE (1990). Vivre en Suisse : bien-être et qualité de vie, p. 289-322, dans *Nouvelle géographie de la Suisse et des Suisses*, par J-B. RACINE et C. RAFFESTIN, Lausanne, Edition Payot.

BARFIELD, Richard E. and James N. MORGAN (1978). Trends in Satisfaction with Retirement, *The Gerontologist*, Vol. 18, No. 1, p. 19-23.

BARRESI, Charles M., Kenneth F. FERRARO and Linda L. HOBEY (1983). Environmental Satisfaction, Sociability and Well-Being among Urban Elderly, *International Journal of Aging and Human Development*, Vol. 18, No 4, p. 277-293.

BATES, Judy, Robert A. MURDIE et Darla RHYNE (1996). *Contrôle de la qualité de vie dans les collectivités canadiennes: bibliographie commentée*, Ottawa, SCHL, Centre d'études prospectives sur l'habitation et le cadre de vie.

BAUJAT, Jean-Pierre (1965). *Comment se préparer à la retraite*, Entreprise moderne d'édition, Paris.

BÉDARD, René (1994). Modifier la structure psychologique de sa vie pour une meilleure préparation à sa retraite, *La Revue canadienne du vieillissement*, vol. 13, n° 2, p. 288-296.

BERNIER, Michel (1999). *La mesure du développement social*, Conseil de la santé et du bien-être, Québec.

BEUGNOT, B. (1981). L'imaginaire de la retraite : tradition et invention d'un mythe, *Colloque - CMR 17 ou Mythologie au XVIIe siècle*, n° 11, p. 7-16.

BOHLAND, James R. and Lexa DAVIS (1979). Sources of Residential Satisfaction amongst the Elderly: An Age Comparative Analysis, p. 95-109 in *Location and Environment of Elderly Population*, ed. GOLANT, S.M., Washington DC, Winston & Sons.

BOSSÉ, R., C.M. ALDWIN, M.R. LEVENSON and D.J. EKERDT (1987). Mental Health Differences among Retirees and Workers: Finding from the normative Aging Study, *Psychology and Aging*, Vol. 2, p. 383-389.

BOURDELAIS, Patrice (1993). *L'Âge de la vieillesse, histoire du vieillissement de la population*, Éditions Odile Jacob, Paris.

BRATHWAITE, V.A. et D.M. GIBSON (1987). Adjustment to Retirement: What We Know and What We need to Know, *Ageing and Society*, Vol. 7, p. 1-18.

BRUNHES, Bernard (1994). Le travail et les anciens, *Gérontologie et société*, n° 70, p. 54-63.

BUREAU INTERNATIONAL DU TRAVAIL (1984). *Travailleurs âgés et retraités*, OIT, Genève.

CAMPBELL, A., P.E. CONVERSE and W.L. ROGERS (1976). *The Quality of American Life: Perceptions, Evaluations and Satisfaction*, Russell-Sage, New York.

CARADEC, Vincent (1994). Le problème de la "bonne distance" conjugale au moment de la retraite, *La Revue française de sociologie*, vol.35, n° 1, p. 101-124.

CARADEC, Vincent (1995). Au moment de la retraite : réalité et ambivalence du soutien conjugal, *Dialogue*, n° 127, p. 109-122.

CARADEC, Vincent (1996). *Le couple à l'heure de la retraite*, Presses Universitaires de Rennes, Rennes.

CARADEC, Vincent (2000). La diversité des usages des technologies : Étude auprès de couples à la retraite et de personnes âgées veuves, *Cahiers de recherches de la MIRE*, 2000, n° 8, p. 18-23.

CARADEC, Vincent (2001). *Sociologie de la vieillesse et du vieillissement*, sous la direction de François de SINGLY, Nathan / HER, Paris.

CARETTE, Jean (1992). *Manuel de gérontologie sociale*, Boucherville, Québec, G. Morin.

CARETTE, Jean (1994). *La retraite des baby-boomers*, Guérin Universitaire, Montréal.

CASSAIGNE, Bertrand (1997). Éditorial : La retraite dans le désordre, *Projet*, n° 249, p. 4-6.

CASTELAIN-MEUNIER, Christine (1985). Transformation des modèles culturels à la retraite et à la préretraite, *Gérontologie et société*, cahier n° 34, p. 13-19.

CHARLES, Kervin Lofi (1999). *Is Retirement Depressing? : Labor Force Inactivity and Subjective Well-Being in Later Life*, Department of Economics and School of Public Policy, University of Michigan, Working Paper, p. 1-40. http://www.umich.edu/~fschool/papers/paper%20links/PDFfiles/00-015.pdf.

CHARLES, Kervin Lofi (2002). *Is Retirement Depressing? : Labor Force Inactivity and Subjective Well-Being in Later Life*, Department of Economics and School of Public Policy, University of Michigan, Working Paper, p. 1-40. http://papers.nber.org/papers/W9033

CHAUCHARD, Jacqueline et Paul CHAUCHARD (1967). *Vieillir à deux*, Collections « Pour mieux vivre », Éditions Universitaires, Paris.

CHRISTEN-GUEISSAZ, Éliane (1994). *Miroir social, estime de soi au temps de la retraite*, Éditions de l'Harmattan, Logiques Sociales, Paris.

CLELAND, Courtney B. (1965). Mobility of Older People, p. 323-339, Chapter 20 in Arnold M. ROSE and Warren A. PETERSON eds. (1965) *Older People and their Social World, The Sub-culture of the Aging*, FA Davis Company, Library of Congress, Philadelphia, MA.

COCHEMÉ, Bernard (1995). *Les retraités: genèse, acteurs, enjeux*, Armand Colin, Paris.

COMMISSION MINISTÉRIELLE DE TERMINOLOGIE AUPRÈS DU SECRÉTAIRE D'ÉTAT CHARGÉ DES PERSONNES ÂGÉES, sous la direction de Jean-Charles SOURNIA (1984). *Dictionnaire des personnes âgées, de la retraite et du vieillissement*, Franterm, Nathan, Paris.

CONE, E. (1996). New Life for the downsized, *Information Week*, No. 606, London, p. 50.

CONNIDIS, Ingrid (1982). Women and Retirement: The Effect of Multiple careers on retirement adjustment, *Canadian Journal of Aging*, Vol. 1, No. 3 and 4, p. 17-27.

CONSEIL CANADIEN DU DÉVELOPPEMENT SOCIAL (1997). *La mesure du bien-être : compte rendu du colloque sur les indicateurs sociaux*, Ottawa, Conseil canadien du développement social.

CONSEIL CONSULTATIF NATIONAL SUR LE TROISIÈME ÂGE (1999). *1999 et après. Les défis d'une société canadienne vieillissante*, Gouvernement du Canada, Ottawa.

CONSEIL DE PLANIFICATION SOCIALE D'OTTAWA-CARLETON (1999). *La qualité de vie à Ottawa-Carleton*, Ottawa, Conseil de planification sociale d'Ottawa-Carleton avec le Réseau de planification sociale de l'Ontario.

CONSEIL DES AÎNÉS (1997). *La réalité des aînés québécois*, Gouvernement du Québec, Québec.

CRÊTE, Jean et Louis M. IMBEAU (1994). *Comprendre et communiquer la science*, Les Presses de l'Université Laval, Sainte-Foy.

CRIBIER, Françoise (1981). Changing retirement Patterns: The Experience of a Cohort of Parisian Salaried Workers, *Ageing and Society*, Vol. 1, p. 51-71.

CROMPTON, Susan (2003). Événements traumatisants, *Tendances Sociales Canadiennes*, printemps, p. 7-10.

CROWLEY, J.E. (1985). Longitudinal Effects of Retirement on Men's Psychological and physical Well-Being in H.S. PARNES, J.E. CROWLEY, R.J. HAURIN, L.J. LESS, W.R. MORGAN, F.L. MOTT and G. NESTEL, *Retirement among American Men*, Lexington books, Lexington, MA, p. 147-173

CUTTER, Susan L. (1985). *Rating Places: A Geographer's View on Quality of Life*, Library of Congress, Washington, AAG Resource Publications in Geography.

DAILEY, Nancy (1998). *When baby boom women retire*, Praeger, Westport, Connecticut.

DAVID, Hélène (1997). Le vieillissement au travail et en emploi : bilan synthèse des travaux récents, *Lien social et politique*, RIAC, n° 38, p. 51-61.

DE GRACE, G.R., P. JOSHI, R. PELLETIER et C. BEAUPRÉ (1994). Conséquences psychologiques de la retraite en fonction du sexe et du niveau occupationnel antérieur, *La Revue Canadienne du Vieillissement*, vol.13, n° 2, p. 149-168.

DELISLE, Marc-André (1987). *La république du silence : solitude et vieillissement*, Rapport de recherche n° 25, Laboratoire de recherches sociologiques, Département de sociologie, Université Laval, Québec.

DELISLE, Marc-André (1995). *Vieillir dans les régions : étude comparative des conditions et du mode de vie des aînés demeurant hors des grands centres urbains du Québec*, Sainte-Foy : Éditions Liber.

DELISLE, Marc-André (1999). Vieillissement et régionalité, *Recherches sociographiques*, XL, 2, p. 313-344.

De RAVINEL, Hubert (1991). *Le défi de vieillir*, Éditions de l'Homme, Montréal.

DORION, Martin, Charles FLEURY et Dominick P. LECLERC (1998). Que deviennent les nouveaux retraités de l'État, *Le Gérontophile*, vol. 20, n° 4, p.7-8.

DUBÉ, Micheline, Sylvie LAPIERRE, Léandre BOUFFARD et Réal LABELLE (2000). Le bien-être psychologique par la gestion des buts personnels : une intervention de groupe auprès des retraités, *Revue québécoise de psychologie*, vol. 21, n° 2, p. 255-280.

EARL, Babbie, Fred HALLEY and Jeanne ZAINO (2000). *Adventures in Social Research, Data Analysis using SPSS for Windows 95-98*, Pine Forge Press, California.

EBDON, David (1985). *Statistics in Geography, Second Edition*, Billing and Sons Ltd, Worcester.

EISDORFER, C. and F. WILKIE (1977). Stress, disease, aging and behavior, p. 251-275 in James E. Birren et K. Warner Shaie (eds.) *Handbook of the Psychology of Aging*, Van Nostrand, Reinhold, New York.

ELDER, Glen H. and Angela O'RAND (1995). Adult Lives in a Changing Society, p. 452-475 in *Sociological Perspectives on Social Psychology*, edited by Karen S. COOK, Gary Alan FINE and James S. HOUSE, Boston, Allyn & Bacon.

ELLISON, D.L. (1968). Work, retirement and the sick role, *The Gerontologist*, Vol. 8, p. 189-192.

ELWELL, F. and Alice D. MALTBIE-CRANNELL (1981). The impact of Role loss upon Coping Resources and Life satisfaction of the Elderly, *Journal of Gerontology*, Vol. 36, No. 2, p. 223-232.

ÉRIKSON, E.H. (1965). *Enfance et société*, Édition Delachaux et Niestlé, Neufchatel.

ESTIENNE, Jean-François (1994). De départ à la retraite au Japon, *Gérontologie et société*, n° 70, p. 64-76.

EVANS, D.R., J.E. BURNS, W.E. ROBINSON and O. GARRETT (1985). The Quality of life Questionnaire : A Multidimensional Measure, *American Journal of Community Psychology*, Vol. 13, p. 305-322.

FIRBANK, Oscar E. (1995). Les baby-boomers à la retraite : nouveaux riches ou nouveaux pauvres?, *Le gérontophile*, vol. 17, n° 2, p. 13-17.

FIRBANK, Oscar E. (1997). Avance en âge, ressources économiques multiples et situations de vulnérabilité : Vieillissement, travail et revenu, retraites, *Lien social et politiques-RIAC*, n° 38, p. 87-99.

FONDATION NATIONALE DE GÉRONTOLOGIE (1985). La préparation de la retraite : Pourquoi? Quand? Comment?, *Gérontologie et société*, no 35, sous la direction de Françoise FORETTE.

FONDATION NATIONALE DE GÉRONTOLOGIE (1994). Âge-Travail-Emploi *Gérontologie et Société*, no 70, sous la direction de Françoise FORETTE.

FONER, Anne and Karen SCHWAB (1981). *Aging and Retirement*, Brooks-Cole Publishing, Monterey, California.

FRAGNIÈRE, Jean-Pierre et al. (1996). *Retraités en action : l'engagement social des groupements de retraités*, Éditions Réalités sociales, Lausanne.

FRANCOEUR, Jean (1992). Editorial : La retraite, *Le Gérontophile*, vol. 14, n° 1, p. 1-2.

FREEDMAN, Marc (1999). *Prime time : how baby boomers will revolutionize retirement and transform America*, Public Affairs Editions, New York.

FRIDERES, J.S. and C.J. BRUCE eds. (1994). *The impact of an aging population on society*, University of Calgary Faculty of Social Science, Calgary.

FRIEDAN, Betty (1995). *La révolte du 3ᵉᵐᵉ Âge*, traduction française par les Éditions Albin Michel, Paris.

FRIEDMANN, Eugene A. and Harold L. ORBACH (1974). Adjustment to retirement, p. 609-645 in ARIETI, Silvano, *American Handbook of Psychiatry*, Second Edition, Volume One, Basic Books Edition, New York.

GAFFIELD, Chad (1994). *Histoire de l'Outaouais*, Institut Québécois de recherche sur la culture, Collection Les Régions du Québec.

GAGNALONS-NICOLET, Maryvonne, Xavier GAULLIER et Anne BARDET-BLOCHET (1996). Fin de la vie professionnelle et passages à la retraite : un défi pour les dispositifs suisses ?, *Revue suisse de sociologie*, vol. 22, n° 2, p. 305-328.

GARNER, Dianne (1999). *Fundamentals of feminist gerontology*, Haworth Press, New York.

GAULLIER, Xavier (1994). La décennie à la retraite, *Gérontologie et Société*, n° 70, p. 95-118.

GAULLIER, Xavier (1997). Emploi et retraite. Du risque « fin de carrière » à la pluriactivité à tout âge, *Lien social et politiques-RIAC*, n° 38, p. 63-73.

GAULLIER, Xavier (1997). Âge et emploi : de la pre-rétraite à la décennie des fins de carrière, *Gérontologie et Société*, n° 81, p. 91-109.

GEORGE, L.K. and G.L. MADDOX (1977). Subjective adaptation to loss of the work role: a longitudinal study, *Journal of Gerontology*, Vol. 32, p. 456-462.

GEORGE, Linda K. (1979). The Happiness Syndrome: Methodological and Substantive Issues in the study of Social-Psychological Well-being in Adulthood, *The Gerontologist*, Vol. 19, No. 2, p. 210-216.

GILBERT, Anne et André LANGLOIS (Soumis pour publication). *La mesure des variations territoriales du bien-être des personnes âgées de l'Outaouais, entre caractères objectifs et évaluations subjectives*, p. 1-32.

GILLEARD, Christopher and Paul HIGGS (2000). *Cultures of Ageing, Self, Citizen and the Body*, Prentice Hall, Pearson Education, Great Britain.

GOUDY, Willis and Richard REGER (1985). Retirement Attitudes and Adjustment, p. 37-45 in POWERS, Edward A., Willis J. GOUDY and Patricia M. KEITH eds., *Longitudinal Research in the Behavioral, Social, and Medical Sciences: Later Life Transitions, Older Males in Rural America*, Kluwer Academic Publisher, Hingham, Massachusetts.

GRATTON, Brian and Marie R. HAUG (1983). Decision and Adaptation: Research on Female Retirement, *Research on Aging*, Vol. 5, No, 1, p. 59-76.

GROUPE CHADULE (1997). *Initiation aux pratiques statistiques en géographie*, 4ᵉ édition refondue, Armand Colin, Masson, Paris, p. 90.

GUILLEMARD, Anne-Marie, C. MEUNIER et R. VERCAUTEREN (1991). *La retraite en mutation*, Centre d'étude des mouvements sociaux, Fédération de l'Éducation Nationale, Paris.

GUILLEMARD, Anne-Marie and Martin REIN (1993). Comparative Patterns of Retirement: Recent trends in Developed Countries, *Annual Review of Sociology*, Vol. 19, p. 469-503.

GUILLEMARD, Anne-Marie (1994). Âge, Emploi et retraite : quelle perspective? *Gérontologie et Société*, n° 70, p. 149-153.

GUILLEMARD, Anne-Marie (1997). Sorties précoces d'activités, *Projet*, n° 249, p. 15-29.

GUMUCHIAN, Hervé (2000). *Initiation à la recherche en géographie : aménagement, développement territorial et environnement*, Presses de l'Université de Montréal, Montréal.

GUTTMAN, David (1977). The Cross-Cultural Perspective: Notes toward a comparative psychology of Aging, p. 302-326 in James E. BIRREN and K. Warner SCHAIE eds., *Handbook of The Psychology of Aging*, Van Nostrand Reinhold Company, New York.

GRAND'MAISON, Jacques et Solange LEFEBVRE (1994). La part des aînés : recherche-action, quatrième dossier, *Cahiers d'études pastorales* (collaboration entre la Faculté de théologie de l'Université de Montréal et le diocèse de Saint-Jérôme), n° 13, Éditions Fides, Saint-Laurent.

GRÉGOIRE, Menie (1987). *Nous aurons le temps de vivre*, PLON, Paris.

HAN, Shin-Kap and Phyllis MOEN (1999). Clocking out: Patterning of retirement, *American Journal of Sociology*, Vol. 105, No. 1, p. 191-236.

HAYFLICK, L. and P.S. MOORHEAD (1961). The serial cultivation of human diploid cell strains, Experimental Cell Research, No. 25, p. 585 dans RUFFIÉ, Jacques (1986) *Le sexe et la mort*, Le Seuil, Éditions Odile Jacob, p. 233.

HENRETTA, John C. (2001). Work and Retirement, p. 255-271 in BINSTOCK, Robert H. and Linda K. GEORGE ed. *Handbook of Aging and the Social Sciences*, Fourth Edition, Academic Press, San Diego.

HENRY, W.E. (1971). The Role of Work in structuring the Life Cycle, *Human Development*, No. 14, p. 125-131.

HÉTU, Jean-Luc (1992). *Psychologie du vieillissement*, Édition du Méridien, Montréal.

HOGUE-CHARLEBOIX, Marguerite (1998). Une retraite à la mesure de l'estime de soi, de la maturité, de la solidarité, *Le Gérontophile*, vol. 20, n° 4, p. 17-22.

HOGUE-CHARLEBOIX, Marguerite et Raymond PARÉ (1998). *Les nouveaux retraités*, Éditions Fides, Saint-Laurent.

HOLMES, Thomas H. and Richard H. RAHE (1967). The Social Readjustment Rating Scale, *Journal of Psychosomatic Research*, Vol. 11, p. 213-218.

INSTITUT DE LA STATISTIQUE DU QUÉBEC (mai 1999). *Recensement de la population 1996-1991-1986, Outaouais,* Cahier 2.

INSTITUT DE LA STATISTIQUE DU QUÉBEC (avril et juin 2000). *Recensement de la population 1996-1991-1986, Outaouais,* Cahiers 4 et 5.

JACKSON, James S., Linda M. CHATTERS and Robert J. Taylor (1993). *Aging in Black America,* Newbury Park, CA, SAGE.

JAVEAU, Claude (1982). *L'enquête par questionnaire, Manuel à l'usage du praticien,* 3ᵉ édition, Institut de sociologie, Éditions de l'Université de Bruxelles, Les Éditions d'Organisation, Paris.

JOËL, Marie-Ève (1997). Vrais ou faux problèmes du vieillissement, *Projet,* n° 249, p. 8-14.

JOHNSON, R.W., Usha SAMBAMOORTHI and Stephen CRYSTAL (1999). Gender differences in pensions wealth: estimates using provider data, *The Gerontologist,* Vol. 39, No. 3, p. 320-333.
http://137.122.27.60/search*frc/jThe+Gerontologist/jgerontologist/1,1,2,B/l856&FF=jger ontologist&2,,2,1,0

KEITH, P. (1985). Work, Retirement and Well-Being among unmarried men and women, *The Gerontologist,* Vol. 25, No 4, p. 410-416.

KELLY, John R. (1993). *Activity and Aging, Staying Involved in Later Life,* SAGE Publications, Newbury Park, California.

KERSCHEN, Nicole (1985). Stages de préparation à la cessation de l'activité professionnelle et politique de fin de carrière, *Gérontologie et Société,* n° 35, p. 6-14.

KHOLI, Martin (1989). *Réorganiser le processus de la retraite : les entreprises, les syndicats et l'État. Le vieillissement, une question de jugement,* Actes colloques tenus par l'Institut de recherche appliquée (IRAT), Montréal, p. 92-93.

KHOLI, Martin (1992). Retraite, politique de l'emploi et politique sociale : une comparaison européenne, *Retraite et Société,* n° 2, p. 7-33.

LALIVE D'EPINAY, C., J. KELLERSHALS, E. CHRISTIE et A. CLEMENCE (1983). Diverses retraites. Classes sociales, enjeux et significations de la retraite, *Loisir et Société,* Trois-Rivières, vol. 6, n° 2, p. 457-483.

LANCRY-HOESTLANDT, Anne (1983-1984). Horizon temporel et retraite, *Bulletin de Psychologie,* vol. 37, n° 366, p. 743-748.

LANGLOIS, André (2000). *La présence des personnes âgées dans l'Outaouais, 1996 : portrait statistique et analyse* pour le projet *Iniquités géographiques et bien-être : la population âgée de l'Outaouais,* Rapport de recherche n° 3, Département de géographie, Université d'Ottawa.

LANGLOIS, André et Dale ANDERSON (à paraître). Revolving the Quality of Life/Well-being Puzzle: Toward a New Model, *La Revue canadienne des Sciences régionales*.

LARSON, R. (1978). Thirty years of research on the subjective well-being of older Americans, *Journal of Gerontology*, Vol. 33, p. 107-125.

LASLETT, Peter (1989). *A Fresh Map of Life: The Emergence of the Third Age*, Weidenfeld and Nicolson, London.

LECLERC, Gilbert (1992). Nouveau regard sur la retraite, *Le Gérontophile*, vol. 14, n° 1, p. 9-12.

LECLERC, Gilbert, R. LEFRANÇOIS, M. DUBÉ, R. HÉBERT et P. GAULIN (2001). *Étude longitudinale comparative de la qualité de vie des retraités et des personnes au travail*, Poster du Congrès annuel de l'ACFAS, Sherbrooke.

LELEU, Myriam (1998). *Misère et insolence de la vieillesse*, Collection Quartier libre, Édition Labor, Bruxelles.

LEROY, B. (1994). Représentation du contrôle réel autour du passage à la retraite, *Bulletin de psychologie*, vol. 48, n° 420, p. 554-557.

LESEMANN, Frédéric (1998). Les « nouveaux retraités » : entre l'allongement de l'espérance de vie et le raccourcissement de la vie au travail, *Le Gérontophile*, Sainte-Foy, vol. 20, n° 4, p. 3-6.

LESEMANN, Frédéric (2000). Les nouveaux visages du vieillissement ou l'âge du vieillissement, *Le Gérontophile*, Sainte-Foy, vol. 22, n° 3, p. 9-12.

LEVET, Maximilienne et Chantal PELLETIER (1988). *Papy boom*, Éditions Grasset, Paris.

LEVET-GAUTRAT, Maximilienne (1985). *À la recherche du troisième âge, Éléments de gérontologie sociale*, Armand Colin Éditeur, Paris.

LINDSAY, James M. (1997). *Techniques in Human Geography*, Routledge Contemporary Human Geography Series, London.

LOCHNER, Kimberley, Ichiro KAWACHI and Bruce P. KENNEDY (1999). Social Capital: a guide to its measurement, *Health and Place*, Vol. 5, p. 259-270.

LUX, André (1995). Les défis d'une société vieillissante, *Le Gérontophile*, vol. 17, n° 2, p.3-8.

MACBRIDE, Arlene, (1976). Retirement as a Life Crisis: Myth or Reality?, *Canadian Psychiatric Association Journal*, Vol. 21, No. 5, p. 547-556.

MACINKO, James and Barbara STARFIELD (2001). The Utility of Social Capital in Research on Health Determinants, *The Milbank Quarterly*, Vol. 79, No 3, p. 387-421.

MARTIN-MATTHEWS, Anne, Kathleen H. BROWN, Christine K. DAVIS and Margaret DENTON (1982). A Crisis Assessment Technique for the Evaluation of Life Events: Transition to Retirement as an Example, *Canadian Journal of Aging*, Vol. 1, No. 3 and 4, p. 28-39.

MARTIN-MATTHEWS, Anne and Kathleen H. BROWN (1987). Retirement as a Critical Life Event: The differential Experiences of Women and Men, *Research on Aging*, Vol. 9, No 4, p. 548-571.

MASLOW, Abraham H. (1943). A theory of human motivation, *Psychological Review*, Vol. 50, p. 370-396.

MASLOW, Abraham H. (1970). *Motivation and personality,* Second Edition, Harper & Row, New York.

MERCIER, L. (1995). La retraite : l'occasion de re-traiter sa vie, *Le Gérontophile*, vol. 17, n° 2, p. 48-52.

MIDANIK, Lorraine T, K. SOGHIKIAN, Laura J. RANSOM and Irene S. TAKAWA (1995). The Effect of Retirement on Mental Health and Health Behaviors : The Kaiser Permanente Retirement Study, *Journals of Gerontology : Series B: Psychological Sciences and Social Sciences*, 50B (1), p. S59-S61

MILLER, S.J. (1965). The Social Dilemma of the Aging Leisure Participant, in A. Rose and W. Peterson, *Older People and Their Social World*, Philadelphia, F.A. Davis.

MINKLER, Meredith (1981). Research on the Health Effects of Retirement: An Uncertain Legacy, *Journal of Health and Social Behavior*, Vol. 22, No. 2, p. 117-130.

MOEN, Phyllis (2001). The Gendered Life Course, in BINSTOCK, Robert H. and Linda K. GEORGE eds., *Handbook of Aging and the Social Sciences,* Fifth Edition, Academic Press, San Diego, p. 179-196.

MONETTE, Manon (1996). *Les nouveaux parcours entourant la retraite au Canada, Résultat de l'enquête sociale générale*, Statistique Canada (89-546-XPF).

MONETTE, Manon (1996). La retraite durant les années 90 : Les hommes retraités au Canada, *Tendances sociales canadiennes*, Automne, Statistique Canada, p. 10-13.

MUTCHLER, Jan E., Jeffrey A. BURR, Amy M. PIENTA and Michael P. MASSAGLI (1997). Pathways to labor force Exit: Work Transitions and Work Instability, *Journal of Gerontology: Social sciences*, Vol. 52B, p. S4-S12.
http://137.122.27.60/search*frc/jThe+journals+of+gerontology+series+B/jjournals+of+g erontology+series+b/1,1,2,B/l856&FF=jjournals+of+gerontology+series+b+psychologica l+sciences+and+social+sciences&2,,2,1,0

NADLER, Jodi D., Louis F. DAMIS and Emily D. RICHARDSON (1997). Psychological Aspects of Aging, in Paul David NUSSBAUM ed. *Handbook of Neuropsychology and Aging: Critical Issues in Neuropsychology*, Plenum Press, New York, NY, p. 44-59.

NEUGARTEN, Bernice (1970). Adaptation and the life cycle, *Journal of Geriatric Psychiatry*, No. 4, p.71-100.

NEUGARTEN, Bernice, R. HAVIGHURST and S. TOBIN (1961). Measurement of Life Satisfaction, *Journal of Gerontology*, Vol. 16, p. 134-143.

NUSSBAUM, Paul David ed. (1997). *Handbook of Neuropsychology and Aging: Critical Issues in Neuropsychology*, Plenum Press, New York, NY.

O'RAND, Angela M. (1996). Structuration and Individualization: The life Course, in BINSTOCK, Robert H. et Linda K. GEORGE eds., *Handbook of Aging and the Social Sciences*, Fourth Edition, Academic Press, San Diego, p. 25-55.

ORGANISATION MONDIALE DE LA SANTÉ (1995). *Rapport de la santé mondiale*, Genève.

ORGEL, L.E. (1963). The maintenance of the accuracy of protein synthesis and its relevance to aging, Proceeding of the National Academy of Science of the United States of America, No. 49, Washington, p. 517 dans RUFFIÉ, Jacques (1986) *Le sexe et la mort*, Le Seuil, Éditions Odile Jacob, p. 233.

OUELLETTE-TREMBLAY, Zachary et Anouk SAINT-GERMAIN (2001). *Rapport du pré-test de l'enquête* pour le projet *Iniquités géographiques et bien-être: la population âgée de l'Outaouais*, Rapport de recherche n° 5, Département de géographie, Université d'Ottawa.

OUELLETTE-TREMBLAY, Zachary, Anouk SAINT-GERMAIN et Anne GILBERT (2001). *Méthodologie de l'enquête du projet Iniquités géographiques et bien-être: la population âgée de l'Outaouais*, Rapport de recherche n° 6, Département de géographie, Université d'Ottawa.

PACIONE, Michael (1982). The use of objective and subjective measures of life quality in human geography, *Progress in Human Geography*, Vol. 6, No. 4, p. 495-514.

PACIONE, Michael (1984). The definition and measurement of quality of life, in PACIONE, Michael and G. GORDON eds. *Quality of Life and Human Welfare*, Geobooks, Norwick.

PAILLAT, Paul (1990). Le vocabulaire du vieillissement : des concepts aux mesures, dans LORIAUX et al., *Populations âgées et révolution grise*, Institut de démographie, Université catholique de Louvain-la-Neuve, Ciaco.

PAILLAT, Paul, Claudine ATTIAS-DONFUT, F. CLÉMENT, C. DELBES et S. RENAUD (1989). *Passages de la vie active à la retraite*, PUF, Paris.

PALMORE, Erdman B. (1965). Differences in the Retirement Patterns of Men and Women, *The Gerontologist*, Vol. 5, No 1, p. 4-8.

PALMORE, E.B., G.C. FILLENBAUM and L.K. GEORGE (1984). Consequences of Retirement, *Journal of Gerontology*, 39, p. 109-116.

PARNES Herbert S., Joan E. CROWLEY, R. Jean HAURIN, Lawrence J. LESS, William R. MORGAN, Frank L. MOTT and Gilbert NESTEL (1985). *Retirement among American Men*, Lexington Books, Lexington, MA.

PEPPERS, Larry G. (1976). Patterns of Leisure and Adjustment to Retirement, *The Gerontologist*, Vol. 16, No. 5, p. 441-446.

PHILIBERT, Michel A.J. (1968). *L'échelle des âges*, Éditions du Seuil, Paris.

PILLEMER, Karl, Phyllis MOEN, Elaine WETHINGTON and Nina GLASGOW (2000). *Social Interaction in the Second Half of Life*, The Johns Hopkins University Press, Baltimore, Maryland.

PLAMONDON, Louis, Gilles PLAMONDON et Jean CARETTE (1984). *Les enjeux après cinquante ans*, Éditions Robert Laffont, Paris.

POITRENAUD, J., J. VALLERY-MASSON, D. COSTAGLIOLA, P. DARLET et M.R. LION (1983). Retraite, bien-être psychologique et santé: étude longitudinale d'une population de cadres parisiens, *Revue d'Epidémiologie et de Santé Publique*, vol. 31, no 4, p. 469-482.

PROGRAMME DE DÉVELOPPEMENT DES NATIONS UNIES (2000). *Rapport mondial sur le développement humain* : www.unpd.org-hdr2000-french-HDR2000.htlm.

PROJET réalisant un entretien avec Maurice Bonnet, vice-président du Comité national des retraités et des personnes âgées (1997). Pour des retraités citoyens, *Projet*, n° 249, p. 81-86.

PUIJALON, Bernadette et Jacqueline TRINCAZ (2000). *Le droit de vieillir*, Fayard, Paris.

QUINET-CATHERIN, Agnès (1996). Vieillissement et destin de la population âgée en institution (1962 à 1992). Étude longitudinale sur les entrants en 1966, 1976, 1986 dans huit établissements du Rhône, dans BOURDELAIS, Patrice (1997) *L'Âge de la vieillesse, histoire du vieillissement de la population*, Odile Jacob, édition de poche, Paris.

RAO, Poduri S.R.S. (2000). *Sampling methodologies: with applications*, Boca Raton, Chapman & Hall-CRC, United States.

RAPHAEL D.I., R. RENWICK, I. BROWN, M. CAVA, N. WEIR and K. HEATHCOTE (1996). *Measuring the Quality of Life of Older Persons: a Model with Implications for Community and Public Health Nursing*, Centre for Health Promotion, University of Toronto, Toronto.

RAPHAEL, D., R. RENWICK and I. BROWN (1996). *Quality of Life Profile. Seniors*, Toronto, Centre for Health Promotion, University of Toronto.

RAYMONDO, James C. (1999). *Statistical Analysis in the Behavioral Sciences*, McGraw-Hill College, Boston, MA.

REITZES, Donald C., Elizabeth J. MUTRAN and Maria E. FERNANDEZ (1996). Does retirement hurt Well-Being? Factors Influencing Self-Esteem and Depression Among Retirees and Workers, *The Gerontologist*, Vol. 36, No. 5, p. 649-656.

REKER, G.T. and P.T.P. WONG (1984). Psychological and physical well-being in the elderly: The perceived well-being scale, *Canadian Journal of Aging*, Vol. 3, p. 23-32.

ROBICHAUD, Suzie, Danielle MALTAIS et Ghyslaine LAROUCHE (2000). Les jeunes retraités : entre l'enchantement et le désenchantement ? *Nouvelles Pratiques Sociales*, vol. 13, n° 2, p. 79-93.

ROCHEFORT, Robert (2000). *Vive le papy-boom*, Éditions Odile Jacob, Paris.

ROKEACH, Milton (1973). *The nature of Human values*, Free Press, New York.

ROSE, Arnold M. and Warren A. PETERSON eds. (1965). *Older People and their Social World, The Sub-culture of the Aging*, F.A. Davis Company, Library of Congress, Philadelphia, MA.

ROSOW, Irving (1974). *Socialization to Old Age*, University of California Press, Berkeley.

ROSSIGNOL, Jean-Michel (1998). Avant-Propos : Retirement, Employment, Society / Retraite, emploi, société, *Gérontologie et société*, n° 85, p. 5-6.

ROTA, Michel (1991). *Retraité(e)s : votre malaise et vos chances*, Hommes et Perspectives, Marseille.

ROWLES, G.D. (1983). Geographical Dimensions of Social Support in Rural Appalachia. in *Aging and Milieu: Environmental Perspectives on Growing Old*, ROWLES, G.D. and R.J. OHTA eds., Academic Press, New York, p. 111-130.

ROY, Jacques (1998). *Les personnes âgées et les solidarités: la fin des mythes*. IQRC, Sainte-Foy.

RUFF, C.D. (1989). Happiness is everything, or is it? , *Journal of Personality and Social Psychology*, vol. 57, no 6, p. 1069-1081.

RUFFIÉ, Jacques (1986). *Le sexe et la mort*, Le Seuil, Éditions Odile Jacob, Paris.

SANSOT, Pierre (1995). *Les vieux ne devraient jamais être vieux*, Éditions Payot et Rivages, Paris.

SCHLUMBERGER, Alain et Dominique THIERRY (1994). *Le retraité : responsable ou marginal ?*, L'Harmattan, Paris.

SCHNORE, Morris M. (1985). *Retirement, Bane or Blessing?*, Wilfrid Laurier University Press, Waterloo, Ontario.

SECCOMBE, Karen and Gary R. LEE (1986). Gender Differences in Retirement Satisfaction and Its Antecedents, *Research on Aging*, Vol. 8, No. 3, p. 426-440.

SEIDEN, R.H. (1981). Mellowing with age: Factors Influencing the Nonwhite suicidal Rate, *International Journal of aging and human Development*, 13, p. 265-284.

SHOOKNER, Malcolm (1998). *A Quality of Life Index for Ontario*, For presentation at the CSLS (Centre for the Study of Living Standards/Centre d'Étude des niveaux de vie) Conference on the State of Living Standards and the Quality of Life in Canada. Toronto, Ontario Social Development Council.

SLAUGHTER-BROWN, Valerie (1997). *The elderly in poor urban neighborhoods*, Garland Publishing Inc., New York.

SLOTTJE, Daniel J., Gerald W. SCULLY, Joseph G. HIRCHBERG and Kathy J. HAYES (1991). *Measuring the Quality of Life Across Countries: A Multidimensional Analysis*, Library of Congress, Westview Press, United States.

SMITH, David M. (1973). *The Geography of Social Well-being in the United States: an Introduction to Territorial Social Indicators*, New York, McGraw-Hill.

SMITH, D.B. and P. MOEN (1998). Spousal influence on retirement: His, her, and their perceptions, *Journal of marriage and the family*, Vol. 60, No. 3, p. 734-744.

STAFFORD, Jean (1996). *La recherche touristique. Introduction à la recherche quantitative par questionnaire*, Presses de l'Université du Québec, Québec.

STATISTIQUE CANADA (1996). *Recensement de 1996, Profil statistique des communautés canadiennes.* www.statcan.ca/français/profil/

STATISTIQUE CANADA (AVRIL 1997) *Un aperçu national recensement 1996, Chiffres de population et des logements,* Catalogue 93-357-XPB.

STEWART, A.L. and A.C. KING (1994). Conceptualizing and Measuring Quality of Life in Older Populations, p. 27-54 in *Aging and Quality of Life*, ABELES, R.P., H.C. GIFT and M.G. ORY eds, Springer Publishing, New York.

STRAUSS, Anselm and Juliet CORBIN (1998). *Basics of Qualitative Research: Techniques and Procedures for Developing Grounded Theory,* Second Edition, Sage Publications, Thousand Oaks, California.

STRAWBRIDGE, W.J., M.I. WALLHAGEN, S.J. SHERMA and G.A. KAPLAN (1997). New Burdens or more of the same? Comparing grandparent, spouse and adult-child caregivers, *The Gerontologist*, Vol. 37, p. 505-510.

STREIB, Gordon F. and Clement J. SCHNEIDER (1971). *Retirement in American Society: Impact and Process*, Cornell University Press, Ithaca, New York.

SZINOVACZ, Maximilian E. (1983). Beyond the Hearth: Older Women and Retirement, in MARKSON, Elizabeth W., *Older Women: Issues and Prospects*, Lexington Books, Lexington, Massachusetts, p. 93-120.

THÉVENET, Amédée (1989). *Le quatrième âge*, Que sais-je, PUF, Paris.

TROTTIER, Michel (1998). Éditorial : Des retraités prématurés et ... la justice sociale, *Le Gérontophile*, vol. 20, n° 4, p. 1-2.

VILLEZ, Alain (1997). Retraite utile, *Projet*, n° 249, p. 57-66.

WAN, Thomas T.H., Barbara Gill ODELL and David T. LEWIS (1982). *Promoting the Well-being of the Elderly, A Community Diagnosis*, The Haworth Press, New York.

WARNES, A.M. (1987). Geographical Locations and Social Relationships among the Elderly, in PACIONE, Michael ed., *Social Geography: Progress and Prospect*, Croom Helm, London, p. 252-295.

WETHINGTON, Elaine and Allison KAVEY (2000). Neighboring as a form of Social Integration and Support, in PILLEMER, Karl, Phyllis MOEN, Elaine WETHINGTON and Nina GLASGOW eds., *Social Interaction in the Second Half of Life*, The Johns Hopkins University Press, Baltimore, Maryland, p. 190-210.

WILLIAMSON, John B., Linda EVANS and Anne MUNLEY (1980). *Aging and society*, Holt, Rinehart and Winston, United States.

YOUNG, Michael and Tom SCHULLER (1988). *The Rythms of Society*, Routledge, London, New York.

ZAY, Nicolas, Wigdor T. BLOSSOM et Robert RIVARD (1987). *La Planification de la retraite : manuel de référence complet à l'intention des Canadiens*, Éditions Grosvenor Inc., Montréal.

Sites Web

Information sur ATCHLEY, Robert C.
http://www.secondjourney.org/org_dev/plan_0101.htm

Définition de l'économie politique
http://www.auburn.edu/~johnspm/gloss/index.html?http://www.auburn.edu/~johnspm/gloss/entitlement_program.html.

Définition de la retraite
http://www.encyclopedie-hachette.com/W3E/

http://www.statcan.ca/francais/concepts/definitions/retirement_f.htm

www.ingramcontent.com/pod-product-compliance
Lightning Source LLC
Chambersburg PA
CBHW021817270326
41932CB00007B/222